ビートたけしと北野武

近藤正高

講談社現代新書

2417

目次

文中敬称略

序章　たけしの演じた人物で年表をつくってみた

たけしの育った風景を求めて

二〇一七年一月一八日、ビートたけしは満七〇歳となった。

本書の執筆にあたり私が、彼の生まれ育った東京都足立区の梅島・島根界隈を歩いてみたのは、その前年のことである。

梅島に向かう途中、北千住から東武スカイツリーライン（東武伊勢崎線）の下り電車に乗って、ＪＲ常磐線を高架でまたいだとき、眼下に見える場所が一九四九年に国鉄総裁・下山定則の轢死体が発見された現場だということを思い出した。梅島のひとつ手前、五反野《ごたんの》は下山が行方不明となったあと、それらしき人物が目撃された場所でもある。しかし当時二歳だったたけしに事件の記憶などあるまい。

それはともかく、生地を訪ねるにあたっては、たけしが少年時代をすごした一九四〇～六〇年代の地図を図書館でいくつか入手したものの、かつて実家のあった場所を突き止めるまでには時間がかかった。何しろたけしが家を出る前後、一九六六年には家のすぐ前に環状七号線が開通し、周辺区域を南北に分断してしまったからだ。実家周辺には田畑が広がっていたというが、その面影はすでになく、地方都市の郊外によくある、ごく普通の住宅地となっていた。自伝的著作をドラマ化した『たけしくん、ハイ！』や『菊次郎とさき』で描かれた風景はとうの昔に失われてしまったようだ。

一方で思いがけない発見もあった。図書館で足立区の郷土史の本（足立区立郷土博物館編『足立風土記稿―地区編5 梅島』足立区教育委員会、二〇〇一年）をひもといていたところ、一九六四年に足立区島根町に民家が建てられた際、その上棟《じょうとう》式で掲げられたという棟札《むなふだ》の写真を見つけた。棟札とはその家の建築に携わった関係者の名を並べた札で、そこには大工や鳶ら建築職人のほか、職方として瓦、ガラスや左官などに交じって「ペンキ北野」の名も見える。まぎれもない、たけしの父・北野菊次郎のことだ。

この棟札を所蔵する足立区立郷土博物館にも足を運んでみると、展示室の一角にチューリップの促成栽培のために考案されたという温室が実物大模型で再現されていた。解説パネルによれば、南側に向けてガラス枠が斜めに架けられたその温室は「チューリップフレーム」といい、一九五〇年に足立区島根の鴨下氏が考案したものだという。当時の地図にもその名が見える鴨下農園は、たけしの実家の目と鼻の先にあった。ひょっとするとたけし少年もこの光景を日常的に目にしていたのだろうか。そう思うと、ちょっとした感慨を抱かずにはいられなかった。

大石内蔵助から立川談志まで

本書は二〇一五年八月に刊行した拙著『タモリと戦後ニッポン』(講談社現代新書)の続編的な位置づけで企画したものである。ただ、前著を書いている時点で「次はたけしで一冊」という考えはまったくなかった。刊行してからも、タモリの本と同様にたけしを通して戦後史を書けないかと一瞬は考えたものの、よく考えてみれば、すでに当人がその類いの本(たとえば『たけしの20世紀日本史』など)や自伝的著書をたくさん出しているし、評論なども膨大に存在する。いまさら私がつけ加えるものはほとんどあるまいというのが正直なところであった。

その思いが変わったのは、同年一二月、TBSテレビでたけし出演のドラマ『赤めだか』が放送されたときだった。このドラマでたけしは直接の交流もあった落語家・立川談志に扮している。振り返ってみれば、たけしはそれまでにも実在の人物をドラマや映画でたびたび演じてきた。俳優として注目されるきっかけのひとつとなった『昭和四十六年、大久保清の犯罪』からして実在の連続殺人犯を演じたものだ。そこでふと思い立ち、劇中に登場する年代順に並べ、こんな年表をたわむれにつくってみた。

一七〇三年　赤穂藩浅野家の元家老の「ビートたけし①」ら四七人の浪士、江戸・本所の吉良邸に討ち入り
一八六五年　新選組改編、「ビートたけし②」が局長、「ビートたけし③」が副長になる
一九四一年　「ビートたけし④」内閣成立、米英に対し開戦を決定
一九四六年　「ビートたけし⑤」、山口組三代目を襲名。山口組興行部（のち神戸芸能社）を引き継ぎ、美空ひばりなどの面倒を見る
一九五九年　刑事の「ビートたけし⑥」、東京・杉並で起こったスチュワーデス殺人事件を捜査
一九六八年　「ビートたけし⑦」、静岡県で暴力団員を殺害後、寸又峡《すまたきょう》の旅館に立て籠もる
「ビートたけし⑧」、ポール牧とコント・ラッキー7を結成
「ビートたけし⑨」、東京・府中市で三億円を強奪。なお、事件現場と塀を挟んで向こう側の府中刑務所には、強姦致傷事件で「ビートたけし⑩」が服役していた
一九七一年　府中刑務所を出所した「ビートたけし⑩」、群馬県で女性をあいついで自分の車に誘い、八人を殺害

一九八〇年　宗教団体・イエスの方舟《はこぶね》主宰の「ビートたけし⑪」、信者の女性たちと三年間各地を逃避行した末、熱海で発見される
一九八四年　落語家「ビートたけし⑫」門下に佐々木信行が弟子入り、立川談春と命名
一九八五年　川崎市の病院で、エホバの証人信者の「ビートたけし⑬」とその妻、交通事故に遭った小学生の長男の輸血を拒否
大阪府の「ビートたけし⑭」ら二人組、豊田商事会長・永野一男を刺殺

カギカッコ付きで「ビートたけし①〜⑭」としたところにはもちろん、以下にあげるとおり実際にはそれぞれべつの人名が入る。なおここに併記した作品名のうち、映画と断りを入れたもの以外はすべてテレビドラマである。

①大石内蔵助（良雄）――『忠臣蔵』（TBS、一九九〇年）
②近藤勇――『御存知！　鞍馬天狗』（フジテレビ、一九八九年）
③土方歳三――映画『御法度』（大島渚監督、一九九九年）
④東条英機――『あの戦争は何だったのか――日米開戦と東条英機』（TBS、二〇〇八年）

⑤田岡一雄―『美空ひばり物語』（TBS、一九八九年）
⑥平塚八兵衛（役名は藤沢六郎）―『黒い福音　国際線スチュワーデス殺人事件』（テレビ朝日、二〇一四年）
⑦金嬉老《キムヒロ》―『実録犯罪史　金（キム）の戦争』（フジテレビ、一九九一年）
⑧関武志―『ゴールデンボーイズ　1960笑売人ブルース』（日本テレビ、一九九三年）
⑨三億円事件犯人（役名は松田誠一郎）―『三億円事件――20世紀最後の謎』（フジテレビ、二〇〇〇年）
⑩大久保清―『昭和四十六年、大久保清の犯罪』（TBS、一九八三年）
⑪千石剛賢《せんごくたけよし》（役名は京極武吉）―『イエスの方舟――イエスと呼ばれた男と19人の女たち』（TBS、一九八五年）
⑫立川談志―『赤めだか』（TBS、二〇一五年）
⑬書店店主（役名は荒木昇）―『説得　エホバの証人と輸血拒否事件』（TBS、一九九三年）
⑭鉄工所経営者―映画『コミック雑誌なんかいらない！』（滝田洋二郎監督、一九八六年）

このほかにも元首相の田中角栄や元日本兵の小野田寛郎《ひろお》など、ドラマ化が企画されながら結局実現しなかったケースもいくつかある。それにしても全体的に目立つのは、やはり昭和の事件当事者だ。なかには三億円事件発生時に、塀の向こうの府中刑務所には大久保清が服役していたことなど、年表をつくってみて気づいた事実もある。

これら事件とたけしのバイオグラフィを重ね合わせれば、これまでにない〝たけし論〟が成立するのではないか——。そう思ったのが本書執筆のひとつの動機である。

伊丹十三が語った日欧の俳優の違い

一連の作品で実在の人物を演じるたけしを見ていて考えさせられるのは、「演技のうまさとは何だろうか」ということだ。

たとえば、役になりきっているかどうかは、演技のレベルを判断するひとつの指標だろう。さらにいえば、なりきり方にも色々ある。これについては、俳優で後半生は主に映画監督として活躍した伊丹十三《いたみじゅうぞう》が次のように語っていて興味深い。

日本の俳優は、ひとつの役のなかで、かならず自分の顔をだすんです。西欧の俳優は逆です。巡査なら巡査そのもの、坊主は坊主に生れかわっちゃう。別の人間に生れかわっちゃう。

（虫明亜呂無「深夜のボーリング場から――厳格主義者・伊丹十三」、『仮面の女と愛の輪廻』清流出版、二〇〇九年所収）

この発言は一九六八年のもので、伊丹がその少し前に、『北京の55日』（一九六三年）、『ロード・ジム』（一九六五年）と、アメリカおよびイギリス映画で欧米の俳優たちと共演した経験を踏まえている。

伊丹の発言には、たしかに思いあたるふしがある。日本の俳優が「かならず自分の顔をだす」のは、観る側が求めているところも多分にあるだろう。三船敏郎、高倉健、勝新太郎、石原裕次郎、吉永小百合などといったスター俳優にはそれぞれ確固たるイメージがあり、役を演じていてもそれに合致していることが強く期待された。やくざ映画全盛期、高倉健が銀幕のなかでいよいよ殴りこみをかけるという場面を迎えると、客席から「待ってました、健さん！」などと掛け声が飛んだというのは、その期待のわかりやすい表れといえる。

これに対し、西欧の俳優の役へのなりきり方には驚かされることがやはり少なくない。それはとくに実在の人物をモデルにした作品に顕著だ。思いつくままにあげても、『マーガレット・サッチャー　鉄の女の涙』（二〇一一年）のメリル・ストリープはイギリス首相サッチャーと声もしゃべり方もそっくり似せていたし、『クィーン』（二〇〇六年）のヘレン・ミレンも同様にエリザベス女王になりきっていた。『クィーン』では同国首相のトニー・ブレアを演じたマイケル・シーンも印象深いが、あまりに似ていて、『フロスト×ニクソン』（二〇〇八年）のテレビ司会者デビッド・フロストと同じ俳優だとはしばらく気づかなかったくらいだ。この手の作品にはほかにも、『ガンジー』（一九八二年）のベン・キングズレー演じるインド独立の父ガンジー、『カポーティ』（二〇〇五年）でフィリップ・シーモア・ホフマンが演じたアメリカの人気作家トルーマン・カポーティなど、枚挙にいとまがない。

しかし日本で同様のケースを探すとなるとなかなか思いつかない。そのなかにあって、戦後まもなくの首相・吉田茂を主人公とした映画『小説吉田学校』（一九八三年）は出色といえる。主演の森繁久彌は本来、吉田茂とは似ても似つかない。にもかかわらず森繁は外貌もしゃべり方も、挙措動作までそっくり似せてみせた。映画公開の時点で吉田が死んでから二〇年も経っておらず、まだ多くの人が憶えていただけに、似せるには苦労したらしい。いちばん大変だったのは、体を小さく見せることだったという。森繁出演ドラマを多数手がけたＴＢＳ出身の演出家の久世《くぜ》光彦《てるひこ》は、《形《なり》の大きな森繁さんが、五尺そこそこの大宰相に見えた》と絶賛した（森繁久彌・久世光彦『大遺言書』新潮文庫、二〇〇六年）。ちなみに吉田の身長が一五五センチほどだったのに対し、森繁は一七〇センチ前後だったという。

森繁と対照的だったのが、『負けて、勝つ——戦後を創った男・吉田茂』（ＮＨＫ総合、二〇一二年）の渡辺謙である。渡辺は森繁のように長身を隠そうとはしなかった。私はそこにやや違和感を覚えた。もっとも、これはミスキャストというよりは、アメリカと対等に渡り合った大宰相を描こうという制作企図からの配役だったのだろう。

たけし扮する人物は「似ていない」？

さて、俳優としてのビートたけしは、伊丹十三のいう「役のなかで必ず自分の顔を出す」タイプか、「べつの人間に生まれ変わる」タイプか、いずれのタイプに当てはまるのだろうか。

『金（キム）の戦争』で扮した金嬉老は、《衣装を合わせてみると、けっこう似てるなと思った》（『中日新聞』一九九一年三月八日付）とたけし自身が語るほど、たしかに似ていた。

また、『あの戦争は何だったのか——日米開戦と東条英機』で演じた東条英機も思いのほかそっくりだった。同作の演出を手がけた鴨下信一によれば、これには禿頭のかつらなど特殊メイクの技術の進歩・充実も大きかったという（『調査情報』二〇〇九年一・二月号）。

とはいえ、たけしの演じた実在人物は、むしろ似ていないもののほうが多いのではないか。たとえば『昭和四十六年、大久保清の犯罪』について、コラムニストの中野翠は《大久保清はウツロでどんよりした男なのじゃないかと私は思っているのだが、たけしだと、どうも鋭敏さがチラついてしまい、大久保清にはあんまり似ているようには思えなかった（若い頃の藤山寛美《かんび》がやったら、さぞ凄かったことだろう）》と書いている（傍点原文ママ。北野武編『コマネチ！——ビートたけし全記録』新潮文庫、一九九九年）。

そう言われてみると、写真で見る大久保清の風貌はどちらかといえばたけしよりも藤山寛美に近い。実年齢でいえば寛美は一九二九年生まれで、六歳下の大久保を「若い頃」に演じるのは現実にはありえない話なのだが、それでも松竹新喜劇でのアホボン役で一世を風靡した寛美だけに、親に溺愛されて育ったと伝えられる大久保を本気で演じていたのなら、中野の言うとおりすごいものになったのではないかと想像をかき立てられる。

冒頭にあげた『赤めだか』の立川談志もけっして似てはいなかった。ただ、たけしは物真似することをあえて避けているふしがある。事実、先述のとおりドラマで元首相・田中角栄を演じると発表されたときも、角栄ほど物真似された人はいないからと、《まねをしないように気を付け、いつの間にか似てくるのがベストだね》と語っていた(『東京新聞』二〇〇三年一〇月六日付)。

「演技するということがわからない」

そもそも実在の人物を演じるたけしを、私たちはまずもって、たけしと認識する。それは私たちが、彼のことを俳優という以前にタレントとしてよく知っているからだ。

一九八三年に映画『戦場のメリークリスマス』が公開されたとき、たけしが劇場へ観客の反応を観に行ったところ、自分の出てくるシーンで爆笑が起こってショックを受けたという。それは演技が下手だったからではなく、おそらくは漫才師・コメディアンである彼が笑い抜きで演技をすることに対し、まだ受け手の側に違和感が強くあったからだろう。だが、『戦メリ』に続き同年には『昭和四十六年、大久保清の犯罪』に出演したことで、たけしはシリアスな演技ができる俳優としてもしだいに認知され、受け手の抱くギャップも埋まっていく。

『戦メリ』への出演は、大島渚監督のオファーに《もし演技でどうのって怒ったら、オレは帰るよ》と条件をつけ、大島もたけしの「素の姿でいい」と言うので引き受けたという（ビートたけし『午前3時25分』太田出版、一九九三年）。興味深いことに、たけしは『戦メリ』『大久保清』を経験してもなお、「演技するということがわからない」と語っている。

オレはなにやってもオレだし、オレがやってる役なんだもんね。ヤクザやってもオレのヤクザだし、オレを連発するしかないのよ、結局のところ。（前掲書）

同じ文章のなかで、たけしは演技力というものに疑問を呈してもいる。彼に言わせれば《演技がちがうとか、（中略）まえの役やったときと、今度の役やったのとでは、演技がまるっきりちがってて、スゴイ》なんていうのはウソだという。

そいつの身長から体重、顔の造作まで同じ人間がさ、なにやったって同じだよ。視覚的にいえばさ。

変えてるとしたら、そりゃ言葉のイントネーションとか、内面的な思い込みや出し方がちがってるだけさ。（中略）

役者はさ、結局、自分の顔立ちと身長の範囲の中での役しかやれないんだって。自分にないものはできないのよ。その中で、なおかつ選んでやっていくんだからさ。（前掲書）

どうも彼は役づくりというものをあまり信用していないようだ。近年にいたっても《悪役、ラクでしょう。みんな根はワルなんだから。いい役のほうが難しいよ。いい役やってる人ってみんなろくなもんいないじゃない。いい人の役の人って、普段どうせ悪い奴だろ？　人当たり悪いし。悪役のほうがいい人だもん》と語っている（北野武『やり残したこと』ロッキング・オン、二〇一五年）。また監督作品『アウトレイジ ビヨンド』（二〇一二年）の撮影時には、西田敏行ら俳優陣が張り切ってどんどん役づくりをして間をとりすぎたりするので、あとで編集で直すのが大変だったという（北野武『物語』ロッキング・オン、二〇一二年）。

たけしが出演したドラマや映画は、『昭和四十六年、大久保清の犯罪』をはじめ、その大半が彼ありきで企画が決まったものだ。だからこそよけいに素で演じているという印象が強い。

しかしここが不思議なところだが、たけしが演じているうちにだんだん大久保清なり東条英機なり立川談志なりの〝顔〟が現れる。これこそが俳優・ビートたけしのひとつの大きな特徴ではないか。先の伊丹十三の言葉にならえば、「役のなかで必ず自分の顔を出す」のではなく、「自分のなかで役が顔を出す」とでもなるだろうか。ある意味「べつの人間に生まれ変わる」とはいえ、それは西欧の俳優とはまったく歩み寄り方が異なる。

前出の鴨下信一は、役者の本領であるはずの「扮すること」が、テレビドラマではややもすると抑圧されがちだと指摘する。それというのも、《〈地《じ》のまま〉をよしとする傾向、出来るだけ自然に、ナチュラルな演技を望んできた》のがテレビドラマの歴史だからだ。ここから鴨下は、《テレビドラマのいいところは、〈扮することの喜び・そのための技術・プロ意識〉と〈地のまま・無技巧・アマチュアリズム〉の二つの勢力が拮抗しているところにある》と自説を述べている（前掲、『調査情報』）。

考えてみると、鴨下のいう「二つの勢力」は、ビートたけしというひとりの俳優のなかでも拮抗し、せめぎ合っているといえまいか。役に扮しながらも地のまま、技巧的である一方で無技巧、そしてプロであると同時にアマチュア。たけしの演技を魅力あるものとしているのは、まさにその二面性にあるような気がしてならない。

役柄の二面性と「振り子の理論」

ビートたけしの演じてきた実在の人物は、先にあげた年表を見てもわかるように、いずれも癖が強く、テレビでとりあげるには非常に難しい人物ばかりだ。映画史・比較文化研究家の四方田犬彦《よもたいぬひこ》は、そんなたけしの俳優歴を総括して《およそ暖衣飽食とは縁のないところで世界を挫折と裏切りを通して認識した男、というのが、彼の演じる役柄の最大公約数である》と評した（『週刊ＳＰＡ！』一九九一年五月一五日号）。

それにしても、なぜたけしにはこのような役柄ばかりが回ってくるのか？『昭和四十六年、大久保清の犯罪』をはじめ、たけし主演の実録ドラマの多くを手がけてきた脚本家の池端俊策は、自らの体験から次のように述べている。

二つの相反する立場に立ち、二つの顔を持つといった役柄が多く、それが大仰でなく素で演じて説得力がある不思議な俳優だという実感を得ました。

昭和史の中の事件や人物をドラマで描く時、こういう俳優の存在感は貴重ではないかと思っています。

(『キネマ旬報』二〇一六年五月下旬号)

たけしが演じてきた大久保清も東条英機も、あるいは千石剛賢や金嬉老も、いずれも悪名が高かったり、一時世間から激しくバッシングされたりした人物だ(千石は、たけしのドラマにより世間のイメージが変わったとさえいわれる)。しかし劇中において彼らは単純な悪役ではなく、それぞれの抱えた複雑な背景を克明に描きながら、その行動が裏づけられていた。池端によれば、たけしの演技はそこに説得力を与えたというのだ。ここでも彼の役柄の二面性が強調されている。

たけしが二面性のある人物を演じて説得力があるのは、そういう性格が彼のなかに本質的に備わっているからだろう。彼自身、以前から「振り子の理論」と称して、振り幅が大きいほど反対側に戻ったとき大きな力が出せるとの持論を展開してきた。たとえば振り子の振り幅の片側が暴力、反対側が愛だとすれば、過激な暴力は過激な愛になりうるというのだ。あるいは映画監督の北野武がシリアスなタッチで感動させる一方で、芸人のビートたけしがコントやギャグで笑わせることも、この論理によって説明できよう。

「ビートたけし」と「北野武」

ここでふと「北野武」と「ビートたけし」という名前を使い分けたが、そもそも二つの名で活動を続けていることこそ、彼の二面性をもっとも象徴している。

ビートたけしの名はタレントや俳優、また文筆業やアートなど諸活動で用いられ、一方の北野武は主に映画監督、あるいはテレビ番組の企画者の名義として使われる。とはいえ、監督作品のなかには『みんな〜やってるか！』（一九九五年）のようにビートたけしの名で撮られたものがあるし、著書の名義にもビートたけしと北野武が混在し、必ずしもはっきりと使い分けられているわけではない。多岐におよぶ活動も、名義は違っても一個の人間のやっていることだからどこかで通底していることは間違いないが、それでいて彼の場合、二つの名前はそれぞれ単独でパーソナリティを確立しているようにも思われる。

もちろん、ひとりの人物が複数の名前を使い分けて活動するケースは、たけし以外にも多々あげられる。剣豪・丹下左膳を生んだ小説家・林不忘《ふぼう》（本名・長谷川海太郎）は、牧逸馬《まきいつま》、谷譲次と三つの筆名を使い分けながら多数の大衆小説を残したし、美術家の赤瀬川原平（本名・赤瀬川克彦）は、尾辻克彦の筆名で小説を書き、芥川賞も受賞している。同様の例にはほかにも文芸評論家の中島梓＝小説家の栗本薫（本名・今岡純代）や、詩人・小説家の辻井喬＝経営者の堤清二などが思い出される。なかには辻仁成のように、名の「仁成」の読みをミュージシャンとしては「じんせい」、作家としては「ひとなり」と区別しているケースもある。

しかしビートたけし＝北野武には、これらのケースとは何か決定的な違いがあるような気もするのだ。

本書ではこのように名前にも表れるたけしの二面性に着目しながら、彼がこれまで出演してきた現実の人物や事件を題材とするドラマなど映像作品を考察してみたい。はたして、たけしの演じた人物と彼自身はいかに重なり合ったのか？　あるいは両者のあいだに相違点はないのか？　そんなふうに読み解くなかで、たけしのパーソナリティ、生きてきた時代にまで迫れたならと思う。

第一章　母親の喪失

——大久保清と北野武を分けたもの

大久保清事件

一九七一年五月一四日、殺人容疑で大久保清（当時三六歳）が群馬県警前橋署に逮捕された。

一九三五年生まれの大久保は、それ以前より強姦事件をたびたび起こしており、六七年からは府中刑務所に服役していた。獄中では模範囚で刑期を縮め、七一年三月二日に仮釈放される。まもなくして彼は父親にマツダ・ロータリークーペを買ってもらうと、群馬県内を縦横に一日平均一七〇キロも走り回り、画家や教師などを装いながら女性を手当たりしだいにドライブに誘った。

遺体捜索に立ち会う大久保（右／朝日新聞社）

のちの自供によれば、大久保が声をかけたのは三月末から五月までの一ヵ月半のあいだに一二七人にのぼり、三五人をクルマに連れこんだという。そのうち警察に通報するなどと言って抵抗した相手を殴り倒して絞殺し、榛名《はるな》山中など県内の各所に埋めた。この間、五月九日に行方不明となった二一歳の会社事務員の家族が民間捜索隊を結成、やがて大久保を容疑者と目星をつけて捕えると、警察に突き出した。このあと自供により八人の遺体が掘り出される。一審で死刑判決を受けた大久保は控訴せず、七六年一月、東京拘置所で刑が執行された。

この大久保清をビートたけしがＴＢＳのテレビドラマで演じることになった。一九八三年、彼が三六歳のときだ。

撮影は群馬でのロケから始まった。たけしはその前日にもかなり遅くまでバラエティ番組の収録をしており、はたして台本で何ページにもおよぶシーンをこなせるか、プロデューサーの八木康夫らスタッフはそれなりの覚悟をしていた。だが、たけしはリハーサルの時点からセリフをすべて頭に入れており、その意気込みにスタッフ全員が感動したという。

事件を忠実に再現するため、殺害や死体を埋めるシーンの撮影は実際の現場近くで行われた。たけしは塩を体に塗ってロケにのぞみ、撮影後は手を合わせずにはいられなかったと、番組の告知記事で語っている（『週刊明星』一九八三年六月一六日号、『週刊宝石』一

九八三年七月八日号）。

ドラマは『昭和四十六年、大久保清の犯罪』と題してこの年八月二九日に放送された。その原作は前年の一九八二年に刊行された筑波昭のノンフィクション『昭和四十六年、群馬の春 大久保清の犯罪』（草思社）で、八木康夫はこの本をたまたま読んだところ面白かったのでドラマ化を企画する。一九五〇年生まれの八木は当時三二歳で、ドラマのアシスタントディレクター（ＡＤ）にすぎなかったが、いざ思い立つと上司の了解もなしに出版社に電話してドラマ化の権利を押さえてしまったという。主人公・大久保清をビートたけしが演じるというのも、ドラマにしたいと考えたとき、真っ先に頭に浮かんだものだった。

たけし起用への反対意見

ビートきよしとのコンビ・ツービートで、一九八〇年前後のマンザイブームをリードしたたけしは、八一年にラジオの深夜番組『ビートたけしのオールナイトニッポン』とバラエティ番組『オレたちひょうきん族』が始まったのを契機に、単独での活動が増えていく。『ひょうきん族』では正義の味方タケちゃんマンに扮し、明石家さんまとのアドリブ交じりのやりとりなどから幅広い層の人気を集めるようになっていた。

だが、売れっ子芸人のたけしを凶悪犯の役で起用するという案に、TBSの社内の反応はいまひとつであったという。八木は後年、次のように語っている。

キャスティングの話題性だけじゃドラマはできないというのがその理由。でも、僕はほかの人では考えられなかった。〝たけちゃんマン〟全盛の当時のたけしさんっていうのは、大久保清という人物とは対極のところに存在するキャラクターですよね。そのたけしさんの俳優としてはまったく未知数の部分にかけたかったんです。

（『ザテレビジョン』一九九六年九月二七日号）

社内では「たけしに芝居ができるのか」という反対意見もあったという。たけしの演技が評価されるきっかけとなった大島渚監督の映画『戦場のメリークリスマス』はちょうどこのころ製作中で、公開はもう少しあと（一九八三年五月）だった。八二年にはTB

Sで連続ドラマ『刑事ヨロシク』に主演しているが、久世光彦演出による同作での役どころはコメディアンと地続きだったから、シリアスな演技が可能か疑問視されたのも無理はない。

一方で、いくらサスペンスものでも、婦女暴行犯を主役にした話はだめだという空気もあったようだ。だが、これについてはその数年前、一九七九年にテレビ朝日で放送された『戦後最大の誘拐　吉展《よしのぶ》ちゃん事件』（柴英三郎脚本、恩地日出夫監督。原作は本田靖春『誘拐』）というドラマが評判をとっていたことが追い風となった。一九六三年に起こった児童誘拐殺人事件を題材とした同作で犯人の小原保《こはらたもつ》を演じたシンガーソングライターの泉谷しげるは、迫真の演技を見せ一躍俳優として注目されている。

大久保清事件のドラマ化にあたり脚本家には池端俊策が選ばれた。八木によればこの人選は、当時TBSの演出家・プロデューサーで、このドラマでは制作を担当した堀川とんこうの薦めによるものであったという。

池端は一九四六年生まれ、たけしと同じく明治大学出身である。大学卒業後、さまざまな職業を転々としたのち、シナリオ研究所（現・シナリオ講座）で馬場当《ばばあたる》に師事、七五年には馬場と親しかった映画監督の今村昌平の誘いで横浜放送映画専門学院（現・日本映画大学）のスタッフとなる。今村とは映画『復讐するは我にあり』（一九七九年、緒形拳主演）で馬場と共同脚本を手がけるなど、その監督作品の製作にも携わっている。『復讐するは我にあり』の原作は、一九六四年に逮捕された連続殺人犯・西口彰をモデルにした佐木隆三の同名小説（一九七五年下半期の直木賞受賞作）だ。大久保清事件のドラマ化に池端が起用されたのは、おそらくこうした経験も買われてのことだったのだろう。

池端は八木からドラマの脚本を依頼されたとき、大久保清役にたけしを当てることに一瞬「うーん？」と疑問を抱いたらしい。だが、しだいに、《でも他にじゃ誰がいるかとなると、非常に難しい役だから、既成のただ芝居がうまいだけの役者さんではこの犯罪者はできないなというのがあって、最終的にいいんじゃないかなと》思うようになったという（池端俊策『池端俊策 ベスト・シナリオ セレクションⅡ』三一書房、一九九八年）。

はたして「大久保清の役にはビートたけししかいない」という八木と池端の直感は的中する。ドラマのなかでたけしは、誘った女性にはあくまでやさしく接しながらも、自分の素性を怪しまれたとたん、態度を豹変させ凶暴化する大久保をみごとに演じてみせた。序章で書いたとおり、ビートたけしの映像作品での役どころには二面性を持った人物が多いが、大久保清の役はその発端となった。

池端俊策はさらに、たけし演じる大久保清に、またべつの二面性を与えていた。

大久保母の「息子殺し」

ドラマ『昭和四十六年、大久保清の犯罪』は、一九七一年五月、群馬県藤岡市に住む二一歳の女性・瀬間宏子（配役：手塚理美）が行方不明となるところから始まる。彼女の兄（同：辻萬長）は、捜索を頼んでも警察がなかなか動こうとしないため、仲間に呼びかけて私設捜索隊を結成し、手分けして県内を探しまわる。やがて大久保を発見、犯人として目星をつけると、ロータリークーペで逃げる彼を数十台のクルマで追いこみ、警察へ突き出した。ここでカーチェイスが繰り広げられるシーンは、この事件がモータリゼーションの到来のなかで起こったものであることを表していた。

このあとドラマでは、佐藤慶演じる黒田警部による取り調べに回想シーンを挟みながら、大久保が仮出所して連続殺人におよぶ経緯、またその生い立ちをたどっていく。殺害されたうち、まず一七歳の少女の遺体が発見されてからも、大久保はなかなか口を割らない。ときには虚偽の供述で警察を振りまわしさえした。ようやく逮捕から一〇日あまりのち、瀬間宏子が抵抗して、自分の父は刑事だと言い出したため殺害におよんだと供述するも、また口を閉ざす。

池端俊策は、大久保を単なる異常性格者としては描かなかった。池端がとくに注目したのは、大久保と母親との関係だ。母が大久保を「ボクちゃん」と呼んで溺愛していたことは事件当時から報じられ、過保護から大久保は社会に適応できず、犯罪へと走ったとの見方も強かった。池端はそんな大久保に、どこかたけしと重なり合うものを感じた。その発想は、これ以前に池端がたけし出演のドラマ（一九八三年六月にＴＢＳで放送の『みだらな女神たち』）を手がけた際、本人と話をしたことがもとになっている。

このとき池端はたけしから、漫才でのシニカルで攻撃的な物言いとは違い、神経質でナイーブな感じを受けたという。《強い部分と弱い部分が大変面白く共存してる人だな》というのが、その印象であった（『シナリオ』二〇〇四年七月号）。また、母親の話を盛んにしていたことから、母親の影響の強い人なのではないかとも感じられた。それゆえ、ドラマの企画時にたけしの名前を出されたとき、なんとなくこの役と縁があるんじゃないかと思ったという（前掲、『池端俊策　ベスト・シナリオ　セレクションⅡ』）。

ドラマでは、なかなか自供しない大久保にたまりかねた黒田が、母親（配役：大塚道子）のもとを訪ね息子に自供をうながすよう説得する。母親は当然「早く自供すれば、早く死刑になるんでしょ。ボクちゃんにあたしが死ねって言うんですか！」と拒むが、黒田は「あなたが育てた子供です。あなたには、それを言う責任があるのではありませんか」と押し切った。

こうして母親は重い腰をあげて大久保と面会する。息子を前に消え入るように「頼むから……自供してくれないか……」「ボクちゃんだけが悪いんじゃない……あたしが一番よく知ってるよ……でもね、これ以上、皆さんに迷惑かけないで……早く自供を……」とうながす母。大久保はてっきり自分を助けてくれると思っていた母の求めに呆然とし、ついには「裏切りやがったな、この野郎！」「ブッ殺すぞ、この野郎！　みんな殺してやる！」と半狂乱状態に陥る。

このあと母から見捨てられたとの思いからすっかり人間不信になった大久保に、黒田は「俺は気持ちのどこかで、おまえの人間性というものを信じている」と語りかける。これにやっと心を開いた大久保は、少しずつ供述を始めるのだった。

ただし実際には、面会には母親だけでなく父親が同行しているし、原作を読むかぎり、それを境に大久保が進んで自供するようになったとは言いがたい。むしろ大久保が最後までこだわったのは、仲の悪かった実兄で、彼が死ななければ自供しないとまで言っていた。しかしドラマでは兄と大久保の関係はさほど触れられていない。池端はあくまで母親との関係を強調し、そのため彼女との面会後、大久保がすべての犯行を供述し始めるという脚色がなされたのである。
このドラマにおいて、大久保の母親はさんざん甘やかした息子に、最後は自白をうながし、結果的に彼を死に追いやる役回りを演じることになった。池端は、大久保は犯罪者としては憎むべき加害者であったが、母親との関係においては被害者であったと、次のように説明している。

単なる加害者だったら何の同情ももてないし、何のシンパシーももてないし、主役たり得ない。母親に対して被害者であるというのは、ある普遍性をもてるなと。とくに現代の若者を語るときには、という気がしたんです。そこを軸に話を組み立ててみようかなと思って。（前掲書）

ビートたけしが演じた大久保清は、加害者と被害者という二面性をも持ち合わせていたのだ。

たけし母の強い信念

さてここで、池端俊策が感じたという「大久保清とビートたけしが重なり合うもの」について、たけしの生い立ちを振り返りながら考えてみたい。

池端がたけしと話をしたときに気づいたとおり、たけしも大久保と同様、母親から強い影響を受けていたことは間違いない。本人も《オレくらいのマザコンはいないんじゃないかと思っている》と、女性とつきあうたび、どうしても〝母親〟というものを見てしまうと語っている。男のわがままを黙って聞いてくれる、そういうタイプの女性にたけしはいつも頼ってきたというのだ（ビートたけし『愛でもくらえ』祥伝社黄金文庫、二〇〇一年）。それだけ現実の母親の存在が大きかったということだろう。

たけしの母・北野さきは子供たちの教育に熱心だった。さき自身は幼いころより貧乏で苦労してきただけに、貧乏の連鎖を断ち切るため、子供たちにはちゃんとした教育を受けさせ、自由に仕事を選べる資格を身につけさせてやりたかったという。さきいわく《御飯が食べられてこその学問だ。それも工学部ってのが私の持論》（北野さき『ここに母あり 北野さき一代記』角川文庫、一九九三年）であり、ここから、幼くして死んだ次男をのぞき、長男の重一、三男の大《まさる》、そして四男の武と、息子たちはみな工学部に進学した。

さきの理工系へのこだわりは徹底しており、たけしに言わせると、《ものごとを文科系に考えると、必ず反政府的なやつになってしまうって病的に思い込んでいた。漫画を読んだり小説読んだりしていたら、すぐに拳が飛んできた》ほどだった（前掲、『愛でもくらえ』）。たけしより五歳上の次兄・大は英語教師になりたいと思い、内緒で千葉大学の文系学部を受験し合格したものの、それを知ったさきから《アメリカ行きゃあ、だれでも英語しゃべっている。そんなの勉強しても、つぶしはきかないよ》と猛反対され、けっきょく受験し直して明治大学工学部（現・理工学部）に進んでいる（北野大『なぜか、たけしの兄です』主婦と生活社、一九八八年）。

このころ千葉大を含む国立大学の年間授業料は七、八千円だったのに対し、明大のような私立大学理系の場合、実験費などが加わり五万円くらいとはるかに高かったという。大が前掲書で書いているように、経済的な負担ばかりか世間的なイメージを考えても私大より国立大のほうがいいはずだが、それでもさきは信念を曲げなかったのだ。

理工系ブームと大学進学

たけしも高校を卒業すると、明治大学工学部の機械工学科に進学する。一九六五年四月のことだ。明大工学部はちょうどこの前月に、東京の聖橋《ひじりばし》校舎（神田）から川崎市の生田《いくた》校舎に移転したばかりだった。さきが工学部にこだわったことについてたけしは、《それがちょうど戦後の高度成長期に当たっていたんだから、ひょっとするとおふくろには先見の明があったのかもしれない》と書いている（前掲、『愛でもくらえ』）。

事実、高度成長期が始まった一九五〇年代後半以降、産業界では、科学技術の振興により国際競争に対処するべく理工系卒業者への需要が高まっていた。民間の大企業は一九五九年段階から研究部門を飛躍的に拡充し、中央研究所の設置や科学技術研究員の大増員を始めた。六一年からは、特定大学の技術・経営学部と大企業が結びつく、いわゆる「産学協同」の動きが本格化する。この間、経済団体や業界団体が繰り返し工学系学生の増員を国に要望するとともに、高級専門技術者の確保にも本腰を入れるようになった（明治大学百年史編纂委員会編『明治大学百年史　第四巻　通史編Ⅱ』一九九四年）。

こうした産業界の理工系ブームともいうべき動きを受けて、国もさまざまな方針を打ち出す。一九六〇年一〇月には内閣総理大臣の諮問機関である科学技術会議（現・総合科学技術・イノベーション会議）が六〇年代の科学技術政策を策定した「10年後を目標とする科学技術振興の総合的基本方策について」を答申し、そこでは理工系学生の増員がもっとも緊要な事項にあげられた。さらに経済審議会の答申を受け、同年一二月に第二次池田勇人内閣が閣議決定した「国民所得倍増計画」では、かなり詳細な技術者の需要予測が公表される。そこでは一〇年後の一九七〇年時点で高等教育卒レベルの科学技術者が一七万人不足すると推定され、その解消のため六一年から七年間で理工系学生を一万六〇〇〇人増やす年次計画が示された。

一万六〇〇〇人の増員計画は翌六一年には二万人へと増やされ、計画期間も七年から四年に短縮された。はたして二万人の学生増員は四年どころか、一九六三年度までのわずか三年で達成されている。とりわけ私立大学の計画達成率は高く、国立大学の六二%、公立大学の九八%に対し、一五二%と驚異的な伸びを示した。増員計画が終了したあとも、終戦直後に生まれた第一次ベビーブーム世代の大学入学もあいまって理工系入学者数は私大を中心に拡大を続けた（中山茂ほか編『通史　日本の科学技術　第三巻』学陽書房、一九九五年）。

明大工学部が手狭となった神田から広大な生田への移転を計画・推進した背景にも、

理工系ブームがあった。一九六二年九月には「移転並びに拡充実施計画案」が出され、《充実した工業教育を実施することは神田地区においては不可能と思われるので、長期的な見通しのうえにたち、工学基礎教育を重点的かつ集中的に行なうために、工学部を生田に移転、拡充する》ものとされた（前掲、『明治大学百年史』）。計画を進めるなか、中央、早稲田、法政といったほかの私大も同様に理工系学部の拡充計画を進展させていたこともあり、明大の校舎の建設年次は当初予定より二年間短縮され、結果的に移転は一九六五年三月末に実施にいたる。たけしの入学は先述のとおりその翌月のことだった。

たけしが明治大学を選んだのは、兄たちがよく知っていたというのが大きいようだ。和泉校舎に憧れていたともいう。

和泉校舎は東京の杉並区で、井の頭線の明大前が駅だから電車で通えるし、雰囲気が大学のキャンパスらしくてね。あと、文科系の学部で女の子が多いから、いいなと思ってたの。

（ビートたけし『野球小僧の戦後史　国民のスポーツからニッポンが見える』祥伝社、二〇一五年）

しかし和泉校舎にあるのは、たけしの言うとおり文系学部だった。工学部も、受験したときには神田にあるとばかり思っており、入学して生田に移転したとようやく知ったという（北野武『時効』SB文庫、二〇〇八年）。

たけしと大久保との差異

母・さきは末っ子のたけしの進学を喜び、誇りに思ってくれていたという（北野武、ミシェル・テマン『Kitano par Kitano　北野武による「たけし」』松本百合子訳、ハヤカワ文庫、二〇一二年）。だが、彼はけっきょく途中で大学をやめてしまう。そもそも大学が遠すぎた。実家の最寄駅である東武伊勢崎線（現在の通称は東武スカイツリーライン）の梅島からまず北千住に出て、国鉄（現・JR）の常磐線に乗り換え日暮里《につぽり》へ。日暮里からは山手線で新宿まで行き、さらに小田急線に乗り換え、多摩川を越えてようやく生田へとたどり着く。ここまでゆうに一時間四〇分はかかる。

たけしが大学に行かなくなったのには、通学途中に新宿があったことも大きい。ちょうどこのころ、六〇年代後半には、新宿がアングラ演劇やモダンジャズ、学生運動、フォークゲリラ、フーテンと呼ばれた和製ヒッピーなど若者を中心としたさまざまなムーブメントの発信地となっていた。東京出身とはいえ、生まれ育った足立区から高校卒業までほとんど出たことのなかった二〇歳前の青年にしてみれば、新宿で見るもの接するものがことごとく刺激的だったに違いない。そのうちに彼は新宿のジャズ喫茶や雀荘などに入り浸るようになり、実家も出てしまう。

ちなみに現在では北千住から東京メトロ千代田線に乗れば、代々木上原で小田急線に乗り入れているので、都心で乗り換えることなく生田まで行ける。ただし千代田線と小田急線のあいだで列車の相互乗り入れが開始されたのは一九七八年と、たけしの大学時代から一〇年もあとだ。

大学が生田に移転したこと、通学に新宿を経由したこと、そして当時の新宿の街が若者に対し強い引力を帯びていたことと、まさに時代がたけしを新宿に呼んだというしかない。おそらくこれら条件が一つでも欠けていたのなら、たけしは大学をちゃんと卒業してどこか企業に就職し、芸人にはなっていなかったのではないか。現に彼はこんなことを語っている。

校舎が生田だっていうのが夢のようだったね。あれが神田にあったらもうちょっと大学行ってるもん。そうしたら俺、今ごろホンダとかトヨタの地方工場の部品を検査してたかも。

（北野武『生きる』ロッキング・オン、二〇〇七年）

もっとも大学でまるっきり勉強しなかったわけでもないようだ。まだ開発途上にあったレーザー光線に関するゼミに入り、大学四年生のときには卒業論文を書くため研究室も決まっていたという。また兄の大によれば、卒業後は玩具メーカーのバンダイに就職が決まっていたらしい（『笑芸人』VOL.5、2001年夏号）。バンダイはこのころ、レーシングカーセットや、『サンダーバード』『わんぱくフリッパー』といったテレビ関連商品でヒットを飛ばしていた。

ともあれ、大学に入るまで母親の敷いた道を歩み続けてきたたけしは、やがてそこから逃れるがごとく新宿に入り浸るようになり、ついには大学もやめ、職を転々とした末に浅草のストリップ劇場・フランス座で芸人修業を始めるにいたる。それは大久保清が事件を起こした翌年の一九七二年、たけしが二五歳のときだった。

うちの家で勉学をやめるってのは、逃亡するのと同じことでさ、おふくろの夢を壊すことでもあったんだよね。はっきり言えば、へその緒を切るみたいなことだけど、つまりは独り立ちしたかったの。勉学をやめて、どっか別のところで生きるために、家族と離れたの。おふくろが俺に対して抱いていた夢を断ち切る必要があったんだ。

（前掲、『Kitano par Kitano』）

文芸評論家の江藤淳は、《「成熟」するとはなにかを獲得することではなくて、喪失を確認すること》と書いたが（『成熟と喪失――〝母〟の崩壊』講談社文芸文庫、一九九三年）、たけしの場合も、精神的な成熟の過程で自らの手により母を「喪失」したのである。

こうして見ていくと、同じく母親の強い影響のもとで育ちながらも、大久保清とたけしを大きく分けたのは、まず何より、意識的に母親から離れて、自立を選んだことだといえる。

「おいらはよ」と言い始めたワケ

たけしは、母の望んだとおり工学部を出て機械関係の仕事に就く、という道は選ばなかった。だが、浅草で芸人修業を始めて以降の足跡を振り返るにつけ、彼が演芸の世界においていわば技術革新の担い手、つまりイノベーター的な存在であったことに気づかされる。たとえば、このころの浅草の芸人たちは、座付作家から台本を買い、そのまま舞台にかけていたという。それに対してたけしは作家に頼らず、自分でネタを考えて演じた。先輩の芸人たちからは当初、その台本はどこから買った、作家を紹介しろと言われることもあったらしい。

本場である関西の漫才からも、いいものはいいと認めて積極的に採り入れた。関西の漫才のレベルに東京の漫才が追いつくためにはどうしたらいいか――。たけしは考えた末に標準語ではなく「おいらはよ」といった下町の言葉を使うことにした。下町言葉なら、関西の流れと同じ感じでしゃべることができると意識的に変えたのだ（ビートたけし『たけしの死ぬための生き方』新潮文庫、一九九七年）。こうしたたけしによる漫才の技術革新がやがて演芸界、テレビのバラエティ番組に大きな地殻変動をもたらしたことは、いまさらいうまでもない。

一億総中流社会のなかで

話をふたたび大久保清事件に戻そう。評論家の赤塚行雄はこの事件の同時代性を、終戦直後に起こった小平《こだいら》事件との対比から指摘した。小平事件とは、小平義雄という男が、一九四五年から翌年にかけて若い女性一〇人（当人の自供では七人）にあいついで暴行を加え殺害した事件だ。小平は渋谷や池袋、浅草などで「米や芋をわけてくれる農家を知っている」と女性に声をかけ、山林などに誘い出した。その背景には戦中・戦後の深刻な食糧難があった。

これに対して、大久保の手口は、先述のとおりクルマに乗って女性に近づき、画家や美術教師などを装いながら「モデルになってほしい」などと誘い出すというものだった。食べ物をダシに用いた小平に対し、いわば女性の虚栄心につけこんだ点で大久保は大きく違った。赤塚は次のように書く。

> 高度経済成長の影響がやや遅れて現われた地方都市のつねとして、被害者の側にも、マスコミから流れてくるナウな刺激的な生活様式と実際の日常生活との間に落差があり、「ちょっとその気になりさえすれば、新しい生活の中にもぐりこめる」といった幻想とあせりがなかったか。
>
> （赤塚行雄『戦後欲望史　転換の七、八〇年代篇』講談社文庫、一九八五年）

大久保が自らの欲望を満たすためにつけこんだ「幻想とあせり」とは、地方の若い女性ばかりでなく、高度経済成長を経た大衆が多かれ少なかれ抱いていたものではないか。衣食住にはひとまず困ることのなくなった人々が次に求めたのは、まさに「ちょっとその気になりさえすれば」手に入りそうなワンランク上の暮らしであった。その意味で、大久保の事件は、一億総中流などと呼ばれる社会の到来を告げるものだったともいえる。

当の大久保からして強い虚栄心の持ち主であった。画家を装ったことは、その何よりの証しだ。一九七一年の事件当時、大久保は三六歳。いまならともかく、多くの企業の定年が五五歳、男性の平均寿命が七〇歳だったこの時代としてはなかなかのオッサンである。婦女暴行の前科持ちで、風采の上がらない中年男が若い女性から相手にしてもらうには、それなりの演出が必要だろう。その小道具こそクルマであり、ルパシカやベレー帽といった芸術家風の衣裳だった。またクルマの助手席には、埴谷雄高《はにやゆたか》の小説『死霊《しれい》』や、横文字の目立つ電気工学関係の専門書もさりげなく置かれていたという。大久保の誘いに乗ったなかで殺されたのが、そうした演出をウソと見抜いた女性ばかりだったのは、不幸というしかない。

二人のコンプレックス

たけしは自分が演じた大久保清について、もし大久保が人間ではなくたとえば馬や牛に生まれていたら立派な繁殖馬牛になっていただろうが、相手のことを考えなければいけない人間社会にあってはやはり排除されるしかないと冗談めかして語っている。その一方で、大久保が強烈なコンプレックスを抱いていたことにも言及した。

大久保清ってやつは、すごいコンプレックスの持ち主でしょ。とくに、芸術家とかに、やたらめったら憧れてたわけ。で、自分でも絵を描いたり、詩を書いたりしてさ。ルパシカなんかも、着ちゃったりしてさ。

実際に、リルケとかロートレックとか、固有名詞はいっぱい知ってて。やれ、実存主義だとか不条理だとか、やたらと連発してるんだよな。

だから、考えてみると、女をひっかける手段として芸術家ぶってたっていうより前に、芸術家に対するコンプレックスが、どうしようもないデッカさであったんじゃないか、ってね。

（前掲、『午前3時25分』）

じつは芸術家へのコンプレックスという点では、若いころのたけしにも重なる部分がある。大学をサボっては新宿でジャズ喫茶などに入り浸るようになったたけしは、そこで仲間たちが実存主義や芸術について議論するのを見て、自分も本を読まねばと思い立ったはいいものの、何を読めばいいのかわからず、『次郎物語』や『坊っちゃん』を買ってきてしまったとたびたび笑いのネタにしている。実存主義の本家であるサルトルの著作も一応読んでみたが、さっぱりわからなかったという。母親の影響から理系一辺倒で来たため、それまでずっと芸術を含め文化系は金持ちの道楽と思いこんでいたとも語っている（前掲、『生きる』）。

たけしにとって何よりのコンプレックスは、父親の菊次郎が塗装業、たけし言うところのペンキ屋だったことだ。生まれ育った足立区の島根町界隈には職人が多く住んでいたが、大工などとくらべるとペンキ屋は下に見られていた。たけし自身も少年時代には「ペンキ屋のせがれ」とよくからかわれ、中学に入って女の子を意識し始めるころにはすっかりコンプレックスになっていたという。

だが、たけしはコンプレックスを克服したとか、それをばねにして成功したといった話には懐疑的であった。

金持ちが貧乏人を踏みつけて生きてるのが、この社会ってもんでしょ。そいつを貧乏人が貧乏を踏み台にしてノシ上がろうとしたらさ、みんなが金持ちになって、世の中大逆転しちゃうぜ。

現実には、そんなことは有り得ないわけよ。コンプレックスはいつまでたってもコンプレックスでさ。相変わらず貧乏人は貧乏で、金持ちは金持ちなんだよ。

（前掲、『午前3時25分』）

もちろん、貧乏人のなかにも貧乏から抜け出して金持ちになった人はけっして少なくない。当のたけしからしてそうだろう。現に、二〇〇五年（二〇〇四年度分）を最後に公示が廃止された「高額納税者番付」で、たけしは常連だった。そんな彼が「相変わらず貧乏人は貧乏で、金持ちは金持ちなんだよ」と言うのは、ようするに「分をわきまえろ」という彼なりの信条のように思われる。

ことさらにコンプレックスを意識して、それを乗り越えようと必死になって自分の身の丈に合わないことをやるのは見苦しい。むしろたけしはコンプレックスをコンプレックスのまま笑いに昇華させた。これに対しておのれのコンプレックスを真正面から突破しようとして、分不相応な行動をとってしまったのが大久保だったのではないか。彼の悲劇はそこに端を発していた。

「大久保清的なるもの」の最大の否定者

ドラマのなかでベレー帽をかぶり大久保清に扮したたけしの姿は、いまにして見るとどうにも滑稽だ。ベレー帽は画家を意味する記号としては、すっかりベタで、うさんくささすら漂うものになってしまった。

芸術家気取りで、いかにもそれっぽい衣裳や小道具、言葉で装い、女にモテようという男の浅はかさ、滑稽さ。考えてみれば、そんな人間こそ、芸人・たけしの格好の笑いの対象ではなかったか。たけしが漫才において「ブス」や「田舎者」をしきりにこきおろしたのは、容姿が劣ることや田舎に住んでいることそれ自体をバカにしてではなかったはずだ。自分の身の丈に合っていない言動、すなわち分不相応こそ、彼のもっとも忌み嫌うものであった。それはインタビューなどでの発言からもうかがえる。たとえば、ジャーナリスト・筑紫哲也との一九八四年の対談では次のように語っていた。

若い女なんかでも、俺がポルシェなんて買うのね、金が余ると。そうすると、「ポルシェ、格好いいですね。でも、なぜ足立ナンバーなんですか」なんていうの。品川ナンバーにしろって。「てめえ、俺は足立区に住んでるのに、なんで品川ナンバーつけるんだ。それがダサイっていうんだ」っていうと「なんでえ？　わかんなーい」とかいうんだ。

そういう、モノとか、どこに住んでいるとかって、やたらいまの奴いうのね。俺、イライラするの。こういうものに乗って、こういうスタイルをして、こうなってというの。そいつらみんな轢《ひ》き殺してやろうかなと思う。いちばんダサイ格好して、雪駄《せった》履《ば》きで、ロールスロイスかなんかでね。

（筑紫哲也ほか『若者たちの神々Ⅰ』新潮文庫、一九八七年）

一九八九年、監督第一作『その男、凶暴につき』の公開時にノンフィクション作家の山際淳司から取材を受けたときも、《中流を気どって、物ごとそれでいいんだと思ってるやつらくらい、腹立たしいものはない》と口にした。

貧乏には貧乏のよさがあるでしょう。中流は中途半端だよ。中途半端な状態が今一番の正統な歩み方だなんていう風潮があるでしょう。それがイライラするんだね。（中略）時代がそういう時代だから、映画っていえば『彼女が水着に着《ママ》がえたら』だとか、そんなのばっかりになっちゃうんでね。少し、ひんしゅくを買うようなやつをやりたいなと思ってた。

（山際淳司『ウィニング・ボールを君に』角川e文庫、二〇一三年）

中流意識への苛立ちこそ、たけしをお笑いでスターダムにのし上げ、さらには映画づくりへと駆り立てたものであった。これに対し、一億総中流へとつながる女性の虚栄心をもてあそび、自らもそれに溺れた大久保清。ビートたけしはそんな大久保清的なるもののバカバカしさを笑い飛ばした、最大の否定者でもあった。

紆余曲折

『昭和四十六年、大久保清の犯罪』は放送されるや三四・〇%という高視聴率を記録した。初プロデュース作品を思いがけず当てた八木康夫は、新たに企画を考えるよう命じられ、以後、田村正和主演の連続ドラマ『うちの子にかぎって…』（一九八四年）をはじめ多くのヒット作を生むことになる。

当時のTBSのドラマ制作の現場ではアシスタントディレクター、ディレクター、プロデューサーと明確なヒエラルキーが存在し、プロデューサーにはディレクターの経験を積んで四〇歳をすぎてやっとなれるというのが常識だった。だが八木は、自分にはディレクターの才能はないと早々に見切りをつけていた。それが大久保清のドラマを手がけるにあたり、編成部の担当者が「企画とキャスティングはしたんだから」とプロデューサーの肩書きをつけてくれたうえ、高視聴率をとったおかげで三〇代前半にしてADからプロデューサーへ異例の転身をはたすことができたのである。

高視聴率とともに大きな評判をとった『昭和四十六年、大久保清の犯罪』だが、じつは放送までには紆余曲折があった。

企画段階においては、本章の冒頭に書いたとおりTBS社内で反対意見が出る一方で、たけしの当時の所属事務所（太田プロダクション）からも出演依頼をいったんは断られていた。そこには、漫才やコントをやっている人間が凶悪犯を演じたら、お笑いに戻って来られないのではないかとの懸念があったようだ。だが八木の言によれば、たけしの担当マネージャーが非常に乗り気だったおかげで最終的に承諾を得られたという。

当のたけしとしても、『戦場のメリークリスマス』の公開時、映画館にこっそり観に行ったところ、序章でも書いたとおり自分の出てくるシーンで大爆笑が起こったため、「役者をやるなら、出てきても笑わないふうにしなきゃ」と今後はあえて悪い役をやろうと思っていたらしい（前掲、『やり残したこと』）。そこへ急に来た大久保清の役のオファーは、まさに渡りに船であった。

ドラマは完成してからも一時お蔵入りの危機に直面した。当初はこのころTBSが毎週土曜夜に設けていた「ザ・サスペンス」という単発ドラマの枠で放送する予定だったが、クルマによる犯罪を題材とした内容にスポンサーだった大手自動車メーカーが難色を示す。そのため、この枠での放送を見送らざるをえなかった。局側からは代わりに土日の昼などの時間帯を提案されたものの、八木は「それだったらお蔵入りでいい」と突っぱねたという。だが、幸運にも、若いスタッフの頑張りを買った編成側が特別に平日（月曜日）のゴールデンタイムに放送する機会を用意してくれたおかげで、日の目を見たのだった。

たけしにとっても、プロデューサーの八木にとってもこのドラマは大きなエポックとなった。たけしは後年、八木のおかげで《それ以来、凶悪犯ばっかしやらされてる(笑)》と冗談交じりに、次のように振り返っている。

でもよかったよ。『大久保清』。「笑ったよ」って言われなくてよかったなと思って。だから『大久保清』のあとぐらいかな、少しずつ楽になってきて。(中略)あと『大久保清』はね、人に取られちゃヤだっていうのもあった(笑)。俺以外の奴がやって、当たったらどうしようっていう(笑)。(中略)他の奴だと口惜しいじゃない。「じゃあやる」っつったの。(北野武『光』ロッキング・オン、二〇〇五年)

結果的に大久保清役が当たったため、たけしが語っているとおり、八木とはその後もたびたびタッグを組んで『イエスの方舟——イエスと呼ばれた男と19人の女たち』など長時間の単発ドラマを世に送り出していく。その大半は実録もので、しかもさまざまなタブーに挑戦するものであった。

第二章　差別と暴力

——金嬉老・三億円事件・写真週刊誌

自ら望んだ役

『昭和四十六年、大久保清の犯罪』（一九八三年）のあと、ふたたびＴＢＳのプロデューサー八木康夫と脚本家の池端俊策が、ビートたけし主演により実録ドラマをつくろうということになったとき、たけしから金嬉老をやりたいとの提案があったという。これは結局このときは実現せず、『イエスの方舟――イエスと呼ばれた男と19人の女たち』（一九八五年）が制作されている。たけしの希望はその後一九九一年四月五日にフジテレビで放送された『実録犯罪史　金（キム）の戦争』でかなえられる（小田切正明監督）。当時四四歳のたけしは番組告知記事でも、《この役は、他の俳優より僕が演じた方がいい》と並々ならぬ熱の入れようを見せた（『中日新聞』一九九一年三月八日付）。

原作はノンフィクション作家・本田靖春の『私戦』（潮出版社、一九七八年／講談社文庫、一九八二年）で、脚本を『夢千代日記』や『花へんろ』などの代表作がある早坂暁《あきら》が手がけている。なお『金（キム）の戦争』は「実録犯罪史」と題するシリーズの第一作だった。このシリーズではほかに『昭和の説教強盗』（片岡鶴太郎主演）、『恐怖の二十四時間――連続殺人鬼　西口彰の最後』（役所広司主演）など、昭和から平成初めにかけての犯罪をとりあげた作品が九三年まで放送されている。

金嬉老の五日間

金嬉老事件とは一九六八年二月二〇日、在日韓国人二世の金嬉老（当時三九歳）が金銭トラブルから静岡県清水市（現・静岡市清水区）のクラブで暴力団員二人をライフル銃で射殺したのち、大井川上流の寸又峡に逃亡し、旅館に籠城したという事件である。

金嬉老は一九二八年生まれ。父は沖仲士として作業中に事故死し、以後母親の再婚相手のもとに一時預けられるなどしながら苦しい生活を続けることになる。小学校五年で中退し丁稚奉公に出たものの、四三年に窃盗で捕まり、少年院で終戦を迎えた。戦後も一九四六年から六五年までのあいだに八件の有罪判決を受け、服役を繰り返す。獄中では勉学と技術習得に努め、自動車整備士免許も取ったが、出所しても敬遠され、就職にはつながらなかった。犯罪を重ねたのにはこうした事情もあった。またこの間、警察官との関係も深めていく。

事件を起こしたとき、金はライフルのほか実弾とダイナマイトを持ち、旅館経営者の家族と宿泊客を人質にとると、翌二一日未明に清水署に自ら通報、自分の居場所を伝え

逮捕直前の様子（朝日新聞社）

た。さらに静岡新聞社に電話をかけ、自首する気はないのかと訊かれると、そのつもりはなく、「いまの心境は自殺したいだけだ」と答えている。この間、警察は朝までに寸又峡に出動し、旅館を包囲していた。説得に来た刑事に対し、金は「人質には絶対に危害を加えない」と約束するとともに、「前年にべつの事件で清水署で取り調べを受けた際、刑事より朝鮮人差別発言を受けたが、この発言について謝罪すること」「NHKと静岡新聞の記者に会見させること」を要求する。

会見で金はあらためて清水署の刑事に謝罪を求めるとともに、遺書として一冊の手帳を記者に渡した。こうした会見や、自殺を覚悟した遺書の内容はすぐさまマスコミで報じられる。以後、マスコミ各社が旅館に詰めかけ、金は彼らを相手に共同記者会見を開くだけでなく、一部記者には同宿取材も許可した。ほかにも『木島則夫モーニングショー』（NET＝現・テレビ朝日）に電話出演するなど、金は籠城中マスメディアにひっきりなしに登場し、朝鮮人差別を告発するために事件を起こしたこと、自分がいかに過酷な境遇のなかで育ってきたかを懸命に訴えた。

要求していたうち、清水署刑事の謝罪は二一日中にNHKテレビを通じて行われた。だが、差別発言そのものには言及がなく、金にはとうてい受け入れられないものであった。ドラマでは事実にもとづき、森本レオ演じる清水署の刑事に怒りを爆発させる一方で、旅館経営者の子供たちに小遣いをやったり、同宿者のなかに、資格取得のため必要な講習会を受けねばならない工員（その一人をたけし軍団のガダルカナル・タカが演じている）がいると知るや、すぐさま解放に応じたりといった態度も見せた。そうした二面性は、やはりたけしが演じるにふさわしいものであった。とりわけ、工員たち相手に、自分も自動車整備士の資格をとった体験談を、ときに冗談を交えながら淡々と語るシーンは印象深い。

その後、警察から求められて赴いた母親（ドラマでの配役は樹木希林）との面会にも、信頼する掛川署の元署長（同：丹波哲郎）の説得にも応じず、金は自殺する決意を固める。二二日には静岡県警察本部長の謝罪に続き、金の要求どおり清水署刑事もあらためて謝罪し、NHKと静岡放送で放映された。続く二三日には、金の主張を支持する文化人グループが、生き抜いて法廷であらためて闘おうと彼を説得するも、その決意を翻させることはできずに終わる。

金が逮捕されたのはその翌日、籠城五日目の二月二四日のことだった。この日午後、同宿者を解放するため旅館の玄関先に出てきた金を、取材陣にまぎれこんだ刑事が取り押さえたのである。

「川向こう」と呼ばれて

たけしはなぜ金嬉老に興味を持ったのだろうか？　芸能人としてメディアの力を十分すぎるほど知る彼としては、報道陣を集めて自らの受けた差別を告発する金にどこか自身と重ね合わせるものもあったのかもしれない。また、差別そのものについて、金を通じて考えさせられるところもあったはずである。

事実、たけしは、差別に対し敏感にならずにはいられない環境で生まれ育っている。たとえば、部落解放同盟中央執行委員長の組坂繁之との対談で、彼は少年時代の足立区梅田・島根界隈についてこんなふうに語っていた。

おいらは、足立区の梅田町とか島根町の出身なんですが、この間、飲み屋で、千住のほうの友だちに「おまえが住んでいた千住新橋の向こう側は、当時は、タクシーの運転手も、あの橋を渡るのは勘弁してくださいと言っていたよな」と言われたんだよね。都内では川向こうと呼ばれていた。近くには、あえて差別語で言えば、バタヤ部落というのがあった。韓国や朝鮮部落もあったし、うちは職人部落と言われているところにあったんですよ。

（ビートたけし『巨頭会談』新潮文庫、二〇〇五年）

「バタヤ」とは街路やゴミ箱の中などの廃品を集めて生活する人を指した蔑称である。たけしが育った終戦直後から高度経済成長期にかけて、足立区はそのような貧困層の割合が東京都区内でも著しく高かった。一九五七年一月現在のデータでは、千代田区の担税能力と被生活保護者数を一〇〇とした場合、足立区の担税能力はわずか二〇・六（約五分の一）しかなく、これに対し被生活保護者数は一六四七（約一六倍）にもおよんだ。『新修 足立区史 下巻』（東京都足立区役所、一九六七年）はこの要因として、江東地区特有のゼロメートル地帯と呼ばれる低地性をあげ、以下のように説明する。

すなわち、居住地として適しない自然条件下では、健全な都市化が進まず、交通機関などの公共施設も発達しにくい。したがって、都市における低所得階層の容易な居住地となり、過密居住地区が形成され、ひいてはスラムの出現をまねいているのである。（傍点原文ママ）

低地性ゆえ地価が上がりにくい（ちなみに同じ足立区内でも、千住は昔からの宿場町で交通の要所だったから、発展の度合いが「川向こう」とは違ったのだろう）。ましてや地方から人口が急激に流入し、東京では住宅供給が追いつかなくなっていた戦後の高度経済成長期である。都心部に住めない人々がこの地域に集まってきたのは自然であったといえる。

在日韓国・朝鮮人が集住していたというのも、民族差別から就職口が限られ、たとえ就職しても低賃金に甘んじざるをえなかったからだろう。参考までに、一九四七年一〇月一一日現在の在日本朝鮮人聯盟（在日本朝鮮人総聯合会の前々身）の東京本部管内支部の盟員数（総計二万二三八二人）をみると、足立支部は二六〇八名と最多で、以下、板橋支部の一八三七名、荒川支部の一六〇〇名と続く（朴慶植編『在日朝鮮人関係資料集成〈戦後編〉第二巻』不二出版、二〇〇〇年)。

足立区はいまでこそ環状七号線が通るなど交通の便がよくなるとともに、宅地化も進み、川沿いにはタワーマンションが立ち並ぶ。しかし都心部とくらべると、発展が滞ったことからかつては都心とのあいだで著しい格差が生じ、差別の温床にさえなっていたのである。

差別に対する考え方

たけしへの影響としては、そうした土地柄に加え、家庭環境が与えたところも大きいのではないか。第一章でも触れたとおり、たけしは父・菊次郎の職業から「ペンキ屋のせがれ」とからかわれることもあり、それがコンプレックスとなっていた。

もともと北野家は、関東大震災(一九二三年)の前後から母・さきが日暮里で洋品店を開き繁盛していたにもかかわらず、菊次郎の放蕩が原因でつぶしてしまい、一九三二年頃、足立区へ夜逃げ同然で移ってきたという。もともと漆塗り職人だった菊次郎は、釣り道具の浮きや節句のときに使う弓矢に漆を塗る仕事をしていたが、足立区に来てからペンキ屋に鞍替えしている。しかし職替えした当初は、地元の職人たちに素人と軽んじられ、なかなか仕事を回してもらえなかったようだ（北野大『なぜか、たけしの兄です』主婦と生活社、一九八八年）。菊次郎が家に金を入れられなかったのは、放蕩癖に加えてそんな事情もあった。足立区立郷土博物館編『足立風土記稿―地区編5　梅島』（足立区教育委員会、二〇〇一年）には、北野家が隣に住む工務店と家族ぐるみのつきあいをし、菊次郎も建築の刷毛仕事を請け負っていたとあるが、それはおそらく戦後になってからの話だろう。

北野家は少なくとも戦後まもなく長男の重一が稼ぎに出るまでは、赤貧洗うがごとしの生活を送っていた。のちにたけしが家は貧乏だと口にするたび、重一からは本当の貧乏はこんなものじゃないと怒られたという。

それでも子供からすればけっして裕福とはいえなかったに違いない。父が「ペンキ屋」で家が「貧乏」であることに、たけし少年がコンプレックスを覚えても不思議ではないだろう。自らもある意味、差別される対象となった体験から、彼は差別について独特の考え方を持つようになる。たとえば後年、たけしは少年時代に近所に住んでいたというある友人について振り返り、こんな話をしている。

子供のときね、すげえおっかないのがいたんですよ。これがね、足が悪くて性格も悪いから余計に怖いんです。そいつに追いかけられると全力疾走するわけ。絶対追いつかないいんだけど、三〇〇メーターぐらい後ろにいても怖いわけ。そいつを見たとき、ケンカして初めてそいつと同等だと思った。「だいじょうぶですか」って手を添えたときに、初めて差別は始まると思ってる。だからたとえば、「おまえ、びっこだけどこの川を飛んでみろ」といった瞬間に差別がなくなる、少くとも、なくなる可能性が生まれる。でも、そいつは川に落ちる代わりに、「なんだてめえは貧乏じゃねえか」っていってるときに友達だと思ってる。（中略）そいつはすごい金持ちなんです、また。（筑紫哲也監修『たけし事件　怒りと響き』太田出版、一九八七年）

たけしはそんな友人のような男が好きだと言ってはばからない。《かわいそうだなんて全然、さらさら思わない。そいつの人生だから》とも言っている（前掲書）。体に障碍《しょうがい》を持つ相手とけんかしてこそ初めて平等になれるという考えは、ノンフィクション作家・吉田司との対談での次の発言にも表れる。

「差別はいけない、平等に」とか言ってちゃ絶対平等にならない。だってやっぱり差があるんだから。差別された人間は、差別する側より上に立たなきゃ絶対にバランスはとれない。戦わなきゃ絶対にダメ。（中略）最低限、喧嘩できないとね。おたがい弱みを言いあいながら。「オレは『いざり』だけど文句あるか」って言い返すとかさ。その喧嘩ができないうちは、いつまでたっても差別はなくならないよね。暖かいこととか、やさしさってのとかが、本当はいちばん残酷なんだってことは、気がつかないうちはさ。

（『宝島30』一九九三年六月号）

「差別された人間は、差別する側より上に立たなきゃ絶対にバランスはとれない。戦わなきゃ絶対にダメ」とは、そのまま金嬉老の行動に当てはまるのではないか。そう考えると、たけしが金に共感を抱いたのもよくわかる。

本田靖春が書くとおり、《寸又峡で金のとった行動は、たしかに異常である》（『私戦 本田靖春全作品集』講談社、二〇一二年）。だが、同じく本田が示唆するように、ああでもしなければ、マスコミが金の主張に耳を傾けることはなかったというのも、たぶん事実だろう。金嬉老が命を賭して仕掛けた戦いは、高度成長により豊かになっていく日本人に冷や水を浴びせかけ、国内でいまなお続く民族差別の実情に気づかせたことは間違いない。

原作者も驚いたドラマへの反響

『金（キム）の戦争』は視聴率一六％を記録し（ニールセン調べ）、たけしの演じた金嬉老は大きな反響を呼んだ。映画監督の黒澤明も《あれは、よかった。ちゃんと映画にすべきだよ。ビートのは映画も見たが自然体の演技がいい》と絶賛していたのを思い出す（『中日新聞』一九九一年五月一五日付夕刊）。また、映画史研究家の四方田犬彦は次のように評している。

実に面目躍如といった演技である。ベレー帽［引用者注――ハンチング帽の誤りか］をかぶり、ライフル銃片手にのそのそと歩きながら、何か忘れ物をしたのだが、それがいったいなんで、どこに忘れてきたのかわからないような素振りをしているのが、実にきまっている。

（『週刊ＳＰＡ！』一九九一年五月一五日号）

もっとも、原作者の本田靖春は当初、自作をドラマ化することに懐疑的であったらしい。番組制作会社の共同テレビジョン（フジテレビ系列）から話を受けたとき、《おやりいただくのはけっこうですけど、テレビじゃ難しいんじゃないですか》と消極的な受け答えしかできなかったという（本田靖春『時代を視る眼　本田靖春全作品集』講談社、二〇一三年）。

これより前、本田は週刊誌でのたけしとの対談記事で、《たけしさんの書くものを読み、語ることを聞いていて、私はしばしば気圧《けお》される。そういうとき、彼のように生身をさらしたかたちでものをいおうとしているか、と自問せざるを得ないのである》と書いていたが（本田靖春『戦後の巨星　二十四の物語』講談社、二〇〇六年）、たとえ主演がたけしでも、在日韓国人・朝鮮人の問題をテレビで扱うのは無理だと思われたのだろう。しかし、できあがった作品を観て本田は自分の不明を恥じた。放送後、テレビの人たちをみくびっていたと、《タブーに挑戦して風穴をあけたチーフプロデューサー中山和記氏に、この場を借りてお詫びを申し上げ、改めて敬意を表したい》と記している（前掲、『時代を視る眼』）。

視聴者からの反響も大きかった。新聞には《偏見というものがこれほどひどい時代もあったのかと驚き、金が自分の命を捨ててまで訴えたかった心の叫びが、事件の年に生まれた私に強く響いてきました。今は差別意識がほとんどなくなっているように見えますが、本当にそうでしょうか。もう一度考えてみる必要があると思います》という二三歳の女子大生の投書のほか、中高生からも感想が寄せられた。これに対し本田は、《新しい世代が制作側の問題意識をきちんと受け止めているのが、明るい展望を抱かせてくれる》と率直に喜んでいる。本田はまた、知り合いの在日二世から《いやあ、びっくりしましたね。十年前には全然考えられなかったことですよ。やっぱり時代は動いているんですね》との感想も聞いた（前掲書）。

本田が原作となる『私戦』を月刊誌『潮』に連載中、読者からは賛否いずれの反響もなかったという。それだけにドラマの反響には深い感慨があったようだ。

「劇場型犯罪」の先駆け

金嬉老事件は、評論家の大宅壮一が《犯人と警察との対局という形から出発して、マスコミがこれに介入し、ここに奇妙な三角関係、いわば〝三角ゲーム〟といったようなものが発生し、事件を複雑化し、劇的効果を高め》たと評したように（『サンデー毎日』一九六八年三月一〇日号）、のちにいう「劇場型犯罪」のはしりともいえる事件だった。

同時にマスコミの報道姿勢について問題点を浮き彫りにした事件でもあった。本田靖春が読売新聞の社会部記者をやめたのち金嬉老事件を題材に選んだのも、もとはといえば、現場に派遣された記者から送られてくる記事が、事件の成り行きを伝えるのに終始し、金の犯罪の根本的な原因であるはずの日本社会が抱える差別と抑圧にはまるで目が向いていないことに違和感を覚えたからだという（前掲、『時代を視る眼』）。

この事件ではまた、報道陣の諒解のもとに、私服刑事が記者を装ってそのなかにまぎれこみ（そのため一部記者が自社の腕章を刑事に貸し与えたという）、金を取り押さえた。そうした警察と一体となったマスコミのあり方に、以後も本田は疑問を投げかけ続けることになる。

金嬉老からの手紙

金嬉老は逮捕後、殺人・監禁・爆発物取締罰則違反等で起訴され、一審、二審とも無期懲役の判決が下った。最高裁上告も棄却され、刑が確定する。しかし一九九九年九月に仮釈放され、異例の措置ながら、母の故郷である韓国・釜山《プサン》に移住した。

金は韓国国民から「民族差別と闘った英雄」として歓迎され、移住後は講演など著述活動で多忙の日々を送っていた。それが一転、翌二〇〇〇年には、人妻だった女性と交際を始め、その夫に対して殺人未遂事件を起こし逮捕される。

このあと、人格障害、適応障害の認定を受け、治療監護所に入れられた金はその女性と獄中結婚。〇三年に特赦で出所した。結婚した夫人は金を「先生」と呼び、《(在日二世である) 先生は韓国語が完璧でなかったため、さまざまな誤解が生じました。日本と韓国との文化的な違いに戸惑い、神経を苛立てていた。そしてストレスが溜まればつまらないことでも激怒して、別人のようになるのです》と証言している(柳錫《ユソク》「韓国人妻が綴った夫婦ゲンカ日記」、「文藝春秋」編集部編『私は真犯人を知っている 未解決事件30』文春文庫、二〇一一年所収)。日本で服役中に韓国語を習い始めたという金だが、日本社会で生まれ育った二世である彼にとって、母国であるはずの韓国はまったくべつの社会であったということか。

金嬉老は二〇一〇年三月二六日に病没。晩年にいたるまで波瀾に富んだその八一年の生涯に幕を下ろした。なお、たけしは、金が離日するさい成田空港でしたためたという「演じてくれてありがとう」と書かれた手紙を受け取り、いまでも大切に取ってあるそうだ（『東京新聞』二〇一四年一月一八日付）。

三億円事件が起きた日

金嬉老事件のあった一九六八年は、国内外で現体制に対し異議を唱える人々が行動に訴えた年として記憶される。日本では東京大学や日本大学で全学共闘会議（全共闘）が結成されたのを契機に全国の大学に紛争の嵐が吹き荒れた。一〇月二一日の国際反戦デーでは、新宿周辺でのデモで一部の新左翼の活動家が暴動を起こし、騒乱罪が適用される。海外に目を転じれば、東欧のチェコスロバキアでの民主化運動の高まりは「プラハの春」と呼ばれたが、ソ連軍の介入により弾圧される。またフランスでパリ五月革命が起こり、アメリカではベトナム反戦運動が盛り上がる一方、黒人公民権運動の指導者であるマーティン・ルーサー・キングが暗殺されている。

たけしはまだ大学生だったが、第一章で書いたとおり学校をサボっては新宿のジャズ喫茶などに入り浸り、新宿騒乱も野次馬として見物に行ったという。一方で、仲間の紹介もありアルバイトに精を出した。この年一二月一〇日に東京都府中市で三億円強奪事件が起こったときも、池袋の三越百貨店でお歳暮の伝票整理をしていたという。

そうしたら、そこの主任が「府中で三億円が盗まれた」って血相変えて事務所に飛び込んで来てさ。みんな驚いて、仕事そっちのけの大騒ぎになったんだけど、額が大きすぎて「三億円って一体どのくらいなんだ?」って全然ピンとこなかった。なんたって、そのアルバイトの日給が八百円で、夜やってたジャズ喫茶の仕事が一回五百円、一万円札なんて拝んだこともないような生活だもの。三億って言われたって、イメージもクソもあったもんじゃないよ。

(ビートたけし「解説」、一橋文哉『三億円事件』新潮文庫、二〇〇二年)

盗まれた現金約三億円(厳密にいえば二億九四三〇万七五〇〇円)は、電機メーカーの東京芝浦電気(現・東芝)府中工場の従業員のボーナスだった。その日の朝、雨のなかを日本信託銀行（現・三菱UFJ信託銀行）国分寺支店から工場に向け出発した現金輸送車（黒の日産セドリック）は、府中刑務所の北側に来たところで、一台の白バイに追いつかれ停車を命じられる。白バイの警官は「巣鴨の支店長宅が爆破されたと連絡があった。この車にも爆弾が仕掛けられている恐れがあるので、調べさせてほしい」と言って、輸送車から行員四人を降ろした。その四日前、同支店長宛てに「三〇〇万円出さなければ支店長宅を爆破する」との脅迫状が届いていたこともあり、疑う者は誰もいなかった。

警官が点検を始めると、ボンネットの下から白煙が上がった。「爆発するぞ。逃げろ！」。四人は車から離れて退避する。これに対し警官は車に乗りこみ、フルスピードでその場を走り去った。この間、わずか三分のできごとであった。

やがて現場に残された白バイがヤマハ製であることに輸送車の運転手が気づき（本物

偽白バイと捜査員（共同通信社）

の白バイはホンダ製）、行員たちはようやく事態の異常さを悟る。路上に転がっていたのは爆弾ではなく、発煙筒だった。

事件発生から約一時間後、犯行現場から約一キロ離れた国分寺市の雑木林（七重塔跡）で現金輸送車が発見される。しかし現金の入った三個のジュラルミンケースは持ち去られていた。この日朝にはこの付近で不審な濃紺色のトヨタ・カローラが目撃されており、白バイ警官に扮装した犯人は輸送車からカローラにジュラルミンケースを積み替えたあと、逃走したものと断定される。カローラは翌六九年四月、空になったジュラルミンケースとともに小金井市の団地で見つかった。

警視庁は府中署に「現金輸送車強奪事件特別捜査本部」を設置し、本格的に捜査に乗り出した。だが、犯行に使われた偽白バイも自動車も盗難車で、ほかの遺留品も大半が大量生産されたどこにでもあるものだったため、捜査は思いのほか難航する。結局、捜査員延べ一七万人あまりを投入し、一万人を超える捜査対象者がリストアップされたものの決め手は得られず、一九七五年一二月一〇日午前〇時、刑事上の時効が成立した。その後八八年には損保会社の損害賠償請求権が消滅し、民事上も含めすべての時効が成立、三億円事件はついに未解決のまま終わったのである。

さまざまなものを背負った男

三億円事件の報に接したとき、北野武青年はまさか将来自分がその犯人役を演じるとは夢にも思わなかっただろう。

ビートたけし主演のドラマ『三億円事件——20世紀最後の謎』（矢島正雄脚本、藤田明二演出）は、サブタイトルが示すとおり、二〇世紀が終わろうとしていた二〇〇〇年一二月三〇日にフジテレビで放送された。原作は一橋文哉《いちはしふみや》のノンフィクション『三億円事件』（新潮社、一九九九年）だが、多分にフィクションの要素を盛りこみ、たけし演じる元白バイ警官が長瀬智也と松田龍平演じる二人の青年と三億円強奪を共謀したその顚末が描かれた。

三億円事件の犯人がたけしの演じたほかの実在人物と大きく異なるのは、それ以前・以後を問わず、他にも多くの俳優によって演じられてきたことだ。

刑事事件としての時効を目前にした一九七五年には、TBSで連続ドラマ『悪魔のようなあいつ』が放送され、沢田研二が三億円事件の犯人を演じた。プロデュースは『寺内貫太郎一家』などのホームドラマをヒットさせてきた久世光彦、脚本はのちに沢田主

演で映画『太陽を盗んだ男』（一九七九年）を監督する長谷川和彦が担当。さらにドラマの原作として、放送にあわせて作詞家の阿久悠の作、上村一夫の作画による同名劇画が女性誌に連載されるというメディアミックスも展開された。沢田が歌ってヒットしたドラマの主題歌「時の過ぎゆくままに」も阿久が作詞したものである。

時効成立直前にはまた、その名も『実録三億円事件 時効成立』という映画（石井輝男監督）が公開され、岡田裕介が犯人を演じている。このころには俳優だけでなく映画プロデューサーとしても活動するようになっていた岡田は、のちに東映に入社して二〇〇二年には社長に就任、一四年からは東映グループ会長を務める。

その後も三億円事件はたびたび映像化されてきた。一九九一年には前出の『金（キム）の戦争』と同じくフジテレビの「実録犯罪史シリーズ」の一作として、織田裕二主演で『新説三億円事件』が放送されている（原作は大下英治「白バイと紅薔薇」）。さらに下って、二〇〇六年公開の映画『初恋』（塙幸成監督）では宮﨑あおい、二〇一〇年公開の映画『ロストクライム―閃光―』（伊藤俊也監督）では奥村知史、二〇一六年放送のドラマ『モンタージュ 三億円事件奇譚』（フジテレビ）では野村周平がそれぞれ事件の実行犯を演じた。

参考までに、ここまであげた各作品の公開・放送時における演者の年齢を見ておくと、沢田研二・二七歳、岡田裕介・二六歳、織田裕二・二四歳、宮﨑あおい・二〇歳、奥村知史・二三歳、野村周平・二二歳で、劇中で犯人の年齢が一〇代後半～二〇代で設定されているのとほぼ対応している。

それが『三億円事件——20世紀最後の謎』放送時のたけしの実年齢は五三歳、劇中で事件を起こすのは三五歳という設定で、従来ドラマなどで描かれてきた事件の犯人像を大きく覆した。

ドラマでは、原作者の一橋文哉の仮説にもとづき、元白バイ警官の松田誠一郎（仮名。劇中でのたけしの役名）が、東京・立川の不良グループのメンバーだった「ジョー」（長瀬智也）と「ロク」（松田龍平）を誘って三億円強奪を共謀する。ジョーを誘ったのは、彼が米軍基地に自由に出入りしていたことから、うまく利用すれば捜査の目を逃れられるとの思惑からだった。

劇中の松田誠一郎は原作同様、借金や暴力団との金銭トラブルに加え、家族と電機メーカー・銀行との因縁を抱えていた。とくに彼の銀行員だった妹が勤め先のカネを使いこんだ疑いをかけられて自殺しており、それに対して何の解決策も打ち出せなかった警察に復讐を期し、犯行を思い立ったものとして描かれた。

肉親の無念を抱えて犯行を計画するとともに、若い二人に夢を持てと自らの計画に巻きこみ、さらには彼らのその後の人生まで考えて、時効成立後は渡米して玩具卸商を開業するべく準備を進めるなど、劇中において三億円事件の主犯の男はさまざまなものを背負いこむ。たけしの演技が、そんな男の言動にリアリティを与えていることはいうまでもない。

なお、ドラマでは三億円強奪がたけし演じる松田の単独の犯行として描かれている。これは原作にも出てこない、このドラマ独自の展開だ。五〇代にして三億円事件の実行犯を演じた俳優はおそらく今後も現れないのではないか。

なぜ繰り返し作品化されるのか？

それにしても三億円事件の映像化作品を振り返ってみると、ドラマ放送当時五〇代だったビートたけしから、映画公開当時二〇歳の宮﨑あおい（劇中では一〇代の女子高生という設定）まで、年齢どころか、ときには性別さえ超える犯人役のキャスティングの振り幅にあらためて驚かされる。これだけ配役がバラエティに富んでいるのは、事件が未解決で犯人像も明確に定まっていないからこそだろう。

ここまであげた以外にも、三億円事件をとりあげた作品は枚挙にいとまがない。しかもそれは映像作品のみならず、小説やマンガ、舞台にいたるまで多岐におよぶ。三億円事件はなぜこれほどまでに各分野のつくり手たちを触発してきたのか？　その理由をいくつか考えてみたい。

【理由その1】迷宮入り事件なので、想像する余地が大きい

第一に考えられるのは、やはり何よりもまず未解決事件であることだ。多数の遺留品が発見されており、関連性を指摘される諸事件も豊富であることから、事件直後から推理合戦が展開されてきた。そこには当然ながら何人もの作家も参加し、作品に仕立てあげている。その形式はおおまかにノンフィクションとフィクションに分けられるが、フィクションのなかにも実録物から、エンターテインメント色の濃いものまであって幅広い。

事件直後から時効を迎える前後にはやはり作家が本気で推理に挑んだ実録物が多い。前出の映画『実録三億円事件　時効成立』の原作となった清水一行の『時効成立　小説三億円事件』（一九七五年）のほか、梶山季之《としゆき》と佐野洋《よう》がいずれも『小説 三億円事件』と題する作品（それぞれ一九六九年、一九七〇年）を発表し、松本清張も「小説3億円事件『米国保険会社内調査報告書』」（一九七八年刊の単行本『水の肌』所収）という短編を書いている。

エンタメ色の濃い小説は後年になるにつれ増えていく。三億円事件の真犯人を推理するため、クイーン、ポワロ、メグレ、明智小五郎ら古今東西の名探偵が呼び出されるという西村京太郎の『名探偵なんか怖くない』（一九七一年）あたりがそのはしりだろうか。その後も、主人公が一九八四年の現在から事件当時にタイムスリップするという清水義範の短編「三億の郷愁」（一九八九年刊の単行本『「青春小説」』所収）、一九九一年にサントリーミステリー大賞の佳作を受賞した横山秀夫の『ルパンの消息』（単行本は二〇〇五年）、中原みすず『初恋』（二〇〇二年）、永瀬隼介『閃光』（二〇〇三年）などといった作品に三億円事件が登場する。また、こちらは純文学に分類されるが、高井有一の長編『高らかな挽歌』（一九九九年）では、高度成長期において斜陽にあった映画業界を舞台に、三億円事件を題材にした映画の製作にかかわる人々が描かれた。

右にあげた小説には映像化されたものも多く、『初恋』は前出の同名映画、『閃光』はやはり前出の映画『ロストクライム―閃光―』となり、『ルパンの消息』も二〇〇八年にWOWOW（主演は上川隆也）で、松本清張の「小説3億円事件」も二〇一四年にテレビ朝日（主演は田村正和）で『松本清張ドラマスペシャル 三億円事件』と題してそれぞれドラマ化されている。

マンガで三億円事件を題材とした作品には、リチャード・ウー（長崎尚志《たかし》）原作・コウノコウジ作画の『クロコーチ』（二〇一一年〜）や渡辺潤の『三億円事件奇譚 モンタージュ』（二〇一〇〜一五年）などがある。前者は二〇一三年にTBSで、後者は二〇一六年に先述の『モンタージュ 三億円事件奇譚』というタイトルでフジテレビでそれぞれドラマ化された。ちなみにドラマ『クロコーチ』では、『三億円事件――20世紀最後の謎』に出演した長瀬智也と渡部篤郎が共演している。

このほか三億円事件に着想を得た作品まであげていくときりがない。ドラマでいえば、オダギリジョー主演の連続ドラマ『時効警察』（テレビ朝日、二〇〇六年）の第七話には「総府武中市平成三億円事件」なる事件が登場するし、二〇一〇年にはアイドルグループのBerryz工房主演による舞台『三億円少女』（塩田泰造脚本・演出）が上演されている。

三億円事件を題材とした作品の最近の傾向として、『クロコーチ』や『モンタージュ』がそうであったように、学生運動やベトナム戦争といった事件当時のできごと、また警察や政界の腐敗などとからめながら事件を壮大な陰謀として描いた作品が目立つ。これは時代背景に加え地政学的なものも影響しているのだろう。

現場となった東京西部の三多摩地区は、七〇年安保闘争を控えた当時、人口急増地帯であり、学生運動の活動家のアジトも多かった。そのため、三億円事件は捜査のために警察が仕組んだものではないかとの説も、時効成立以前からささやかれていた。三多摩にはまた、横田基地のほか、事件発生時には立川基地などまだ日本に返還される前の米軍基地が点在しており、そこから事件の背景にはアメリカが存在するのではないかという想像をかき立てることになる。

【理由その2】絵になる場面がある

これは映像作品にかぎっての話だが、同じ未解決事件でも一九八四年のグリコ・森永事件について映像化した作品は存外少ない。それはやはり、三億円事件ほど絵になるような場面がないからではなかろうか。いや、たしかにグリコ・森永事件でも、犯人と目された「キツネ目の男」がコンビニの店頭に毒入りの菓子を置くという、防犯カメラに撮られた決定的瞬間が記憶されるが、はっきりいって三億円強奪の瞬間ほど劇的ではない。

ひるがえって三億円事件は、その現場のロケーションからしてかなり劇的だ。現金強奪は府中刑務所の黒ずんだ高い塀を背景に実行され、しかも事件当日は雨。この絵になる感じは、「忠臣蔵」における江戸城・松の廊下や、雪の中での吉良邸討ち入りに匹敵するかもしれない。

ただし、たとえ絵になっても、再現するのに金がかかっては映像化は難しくなる。一九七二年の連合赤軍によるあさま山荘事件が、ビジュアル的にはこれ以上ないインパクトを持ちながら、三億円事件ほど映像化されていないのは、事件自体の陰惨さに加え、予算の問題も大きいように思う。若松孝二監督は映画『実録・連合赤軍 あさま山荘への道程《みち》』(二〇〇八年)で、クライマックスの山荘での銃撃戦を撮るにあたって自分の別荘を使ったが、そんな豪気なことをできる人はやはり少ない。その点、三億円事件は、事件当時の車両をそろえるのがやや難とはいえ、それなりに長い塀のあるロケ地さえ確保できれば、撮影は容易なはずである。

現金強奪のシーンは映像作品でも見せ場となるだけに、つくり手の腕の振るいどころだ。作品ごとに解釈などの違いによって微妙に描写が異なるあたりも「忠臣蔵」と共通しよう。たけし主演の『三億円事件』はこの点でも印象深い。現金輸送車を偽白バイが追うシーンでは、スローモーションやバイクの各部分のモンタージュを効果的に用い、グッと緊張感を高めておき、いざたけし扮する犯人が現金輸送車を奪い走り出すや、カーラジオから流れる当時のヒット曲、水前寺清子の「三百六十五歩のマーチ」に合わせて彼が口ずさみ、それまでの緊張を一気に緩ませる。こうした演出は、やはりたけしありきだろう。

【理由その3】犯人がヒーロー扱いされた

占領下で起こった下山・三鷹・松川の国鉄三大事件や帝銀事件など、戦後の未解決事件は数あれど、ほとんどは犠牲者が出ている。そのため、フィクションでとりあげるにしても話はシリアスにならざるをえない。清水義範の小説のように軽いタッチで事件を描くことはできないわけだ。

その点、三億円事件では現金強奪に一滴も血が流れなかったうえ、従業員には事件翌日にあらためてボーナスが支給され、現金を盗まれた銀行にも保険会社から補償金が支払われた（保険会社の負担も再保険で補償された）。

そういうこともあって事件当時より庶民のあいだでは、白昼堂々現金を強奪した犯人に快哉《かいさい》を叫ぶ人も少なくなかった。ちょうど学生運動華やかなりし時代でもあり、銀行から大金を奪い、警察の捜査網をかいくぐり逃げおおせた犯人は、江戸時代の鼠小僧のような義賊、あるいは反体制の闘士としてまつりあげられた面がある。フォーク歌手の高田渡が事件からまもなくして「三億円強奪事件の唄」を発表して事件を風刺したのも、ロックバンドの頭脳警察がアルバム『頭脳警察1』（一九七二年）のジャケットに、三億円事件犯人とされたモンタージュ写真を使ったのも、犯人への共感からだった。昭和の時代において、事件直後よりこれほどまでに大衆から人気を集めた犯罪者は、戦前は阿部定、戦後は三億円事件犯人に尽きるだろう。

思えば、三億円事件発生後に犯行声明の類いは一切出されず、いまもって犯人の動機は不明だ。目撃されたのは唯一、現金強奪の現場だけ。それだけに人々がおのおの犯人像を描き、物語を紡ぎ出す余地が生まれた。そう考えると、何だか初音ミクのようなボーカロイドっぽくもある。あのモンタージュ写真の男からして、時効の前年に捜査本部が犯人ではないと認めており、けっきょく実在しない人物だった（実際にはべつの事件の逮捕者の写真を流用したものだったとされる）という意味では、バーチャルアイドルの元祖ともいえるかもしれない。

三億円事件における報道被害

もっとも、たけしに言わせれば、「盗まれたのが一〇〇万円ぐらいだったら、犯人はとっくに捕まっている」ということになる。事件がこれほど大ごとになったのは何より「三億円」という被害額の大きさゆえだというのだ。

被害額が「三億円」って聞いた時点で警察も構えちゃって、捜査も大掛かりになった。政治的背景とか、社会への挑戦とか、どんどん勝手に事件の裏を深読みしたりしてさ。

（前掲、『三億円事件』「解説」）

当時の三億円は、現在ならその一〇倍の価値があるともいわれる。それだけに著名な作家や評論家だけでなく、一般の人たちも真犯人捜しに興じた。その意味で、三億円事件は金嬉老事件と同様に劇場型犯罪のはしりだったともいえる。

警察のみならずマスコミも犯人捜しに躍起になるなか、事件発生から一年が経った一九六九年一二月一二日には『毎日新聞』が、重要参考人として一人の青年の身辺捜査が進められているとスクープした。この男性は同日夕方、別件で逮捕され、翌日昼には「三億円事件犯人逮捕」のニュースが全国に流れた。犯人と決めつけられた男性は、あらゆる個人情報、プライバシーを暴き立てられるも、ニュースの報じられた当日夕方までにアリバイが成立して釈放される。だが、男性はこのあとも長らくマスコミにつきまとわれ、八七年以降、関係者から報道各社にプライバシー保護の申し入れが行われた。

メディアスクラム（集団的過熱取材）や報道被害という言葉はまだ六〇年代にはなかったが、この男性はまぎれもなくその被害者であった。誤認逮捕により心に深い傷を負った男性は、けっきょく事件の呪縛から逃れられず、二〇〇八年に自ら命を絶ったと伝えられる（福井惇「捜査員は『多摩五郎』を追い続ける」、前掲、『私は真犯人を知っている』）。

内田裕也との出会い

劇場型犯罪やメディアスクラムといった言葉が定着するのは八〇年代半ば以降のこと

である。ちょうどそのころ、一九八六年に公開された滝田洋二郎監督の映画『コミック雑誌なんかいらない！』は、事件が起こるたび現場に殺到するマスコミ関係者の姿をシニカルに描き出した作品だった。

現実の事件も数多くとりあげたこの映画では、前年の一九八五年に大阪市で起こった豊田商事会長の永野一男刺殺事件が、企業名や人名は変えつつもかなり忠実に再現されている。ビートたけしはこのシーンで犯人二人組のうち主犯格の男を演じた。実際の男は事件当時五六歳で、しかも話すのは関西弁と、その人物像は当時三〇代で東京出身のたけしとはかけ離れていた。だが、たけしは慣れない関西弁も気にさせないほど、この役をきわめてリアルに演じ切っている。

この映画を企画し、脚本（高木功との共同執筆）と主演も務めたのは、ロックミュージシャンの内田裕也である。たけしの起用も、この役には彼しかいないという内田の直感で決まった。二人が初めて接点を持ったのは一九八一年末、内田の主催する年越しライブ「ニューイヤー・ロック・フェスティバル」のテレビ中継である。このとき、会場の浅草国際劇場の前で「内田裕也も、老齢に鞭打って、がんばってるんだな」などとさんざん悪態をついていたのが、漫才コンビ・ツービート時代のたけしだった。それを楽屋のテレビで見ていた内田は、陰口ではなく、正面切って悪口を言われるうち、「こいつはただ者じゃねえな」とむしろ感心してしまったという（『アサヒ芸能』一九九三年一一月四日号）。

その後、内田は自ら主演し、脚本も手がけた『十階のモスキート』（崔洋一監督、一九八三年）、そして『コミック雑誌なんかいらない！』と、あいついでたけしと共演する。内田の企画した最初の映画である『水のないプール』（若松孝二監督、一九八二年）も含め、いずれも実際に起こった事件をモチーフとしていた。なかでも『コミック雑誌なんかいらない！』は、先述の会長刺殺へといたる豊田商事事件をはじめ一九八五年に起こった事件や社会現象を、内田扮する芸能レポーターがほぼリアルタイムで追いかけるという異色の作品となった。

詐欺商法の問題化と唐突な結末

豊田商事は、永野一男が一九七八年に東京・銀座に本社を置いて設立した。もともとは金の先物取引を行っていたが、一九八一年二月頃から、一人暮らしの老人などをターゲットに金の購入を勧め、現物ではなく証書を渡すという、いわゆる現物まがい商法で多額の現金を集めるようになる（最終的にその総額は約二〇二二億円にのぼった）。同時期には大阪市内に大阪豊田商事（のち八二年に豊田商事と商号変更）を設立し、全国営業の拠点とした。

この間、一九八二～八三年頃より、豊田商事からの被害を訴える相談が消費生活センターや弁護士会にあいつぎ、一九八五年になってやっと警察の捜査が本格化する。同年六月一五日には、豊田商事が現金や小切手を台湾の海外事業所に不正送金した外為法違反容疑で、兵庫県警が本社を捜索、さらに一七日には大阪市内にあった永野の自宅マンションの捜索が行われた。惨劇が起きたのはその翌日、六月一八日の午後だった。

前日に警察から取り調べを受けた永野は、この日、マンションに報道陣がつめかけたため、ひとり部屋に閉じこもっていた。そこへ、鉄工所を経営するAと鉄工所の元従業員のB（当時三〇歳）が現れる。二人は報道陣がカメラを向けるなか、玄関ドア横の窓の防犯用アルミ製格子を引きはがしたかと思うと、ガラスを破って室内に侵入、凶行におよんだ。その後、Aは「おれが犯人や。警察を呼べ」などと言いながら凶器である銃剣を見せ、さらに一度、部屋に戻ったのち、Bとともに出てきてその場を立ち去る。そしてマンションの外へ出たところで、殺人の現行犯で逮捕された。

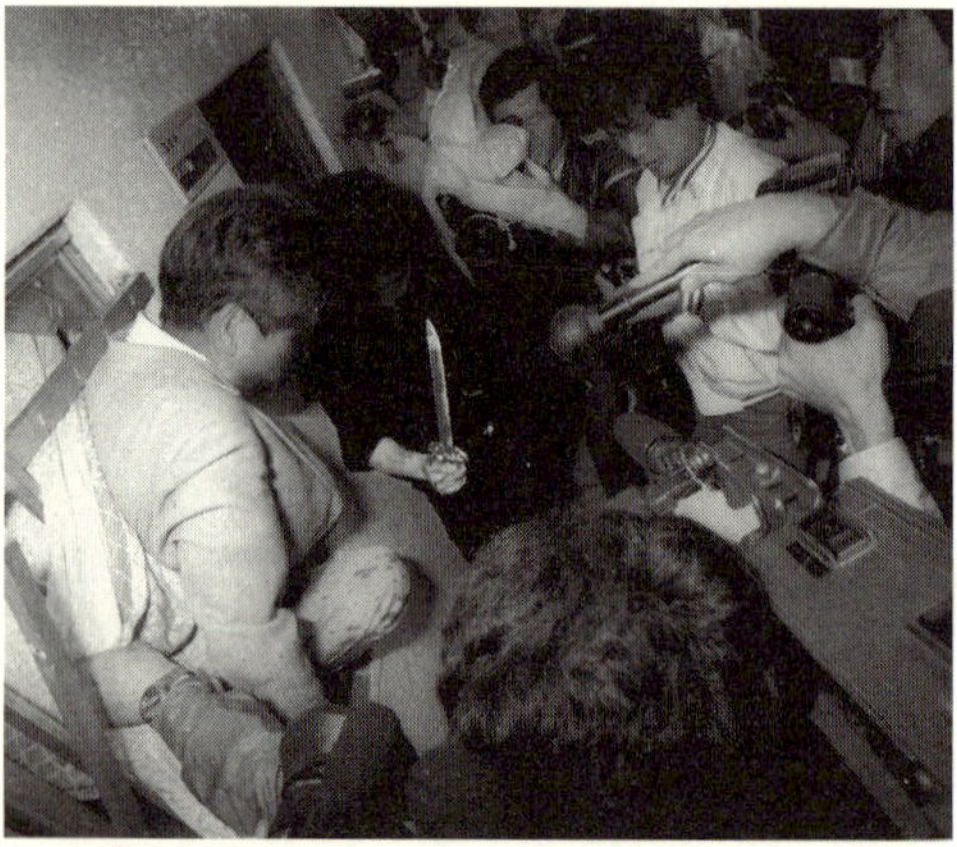

永野の部屋から出てきた二人組（読売新聞／アフロ）

その後の裁判でA、Bはそれぞれ一〇年と八年の懲役刑となっている。詐欺事件の当事者である永野が捜査途中で殺されてしまったがために、事件にはなおも不明な点が残された。管財人弁護士団が回収に奔走したものの、被害者に戻ったカネは、被害額の一割強にとどまった。

内田裕也も怖気立った凶行シーン

『コミック雑誌なんかいらない！』がクランクインしたのは一九八五年六月二一日、永野一男の刺殺事件からわずか三日後だった。この日、内田らスタッフは、歌手・松田聖子と俳優・神田正輝の結婚式を撮影するためのロケハンを行っている。

結婚式当日（六月二四日）には、本物の報道陣で混雑するなか、内田演じる芸能レポーターのキナメリ（木滑）が式場である教会の正門に突進、そこでマネージャー役の俳優に突き飛ばされるシーンがゲリラ的に撮影された（事前に撮影の許可を申請したものの断られたという）。このとき、内田があらかじめ仕込んであった鼻血を流しながら転倒したので、結婚式を取材していたテレビ各局が本当の事件と勘違いして集まるというハプニングもあったらしい（『キネマ旬報』一九八五年一一月上旬号）。

同様に、ロス疑惑の渦中の人物・三浦和義が成田空港に到着する場面でも、本物のレポーターたちのなかに内田がまぎれこんで撮影が行われた。三浦はもちろん本人で、このあと彼の経営する店へキナメリが突撃取材するシーンも出てくる。その非礼を滔々《とうとう》と批判しながら取材を拒否する三浦のさまは、演技とは思えない役者ぶりだった。

このほか、当時人気だったアイドルグループのおニャン子クラブや、フジテレビで『オレたちひょうきん族』や『笑っていいとも！』などを手がけていたプロデューサーの横澤彪《たけし》、同局の看板アナウンサーだった逸見政孝などが本人の役で続々と登場する。一方で、松田聖子の役はそっくりさんだし、ホストクラブの取材シーンでは、郷ひろみと片岡鶴太郎がホスト役で出演している。まさに虚実入り混じった構成というわけだ。

神戸の暴力団抗争、日航ジャンボ機墜落など現実の事件が数多くとりあげられているこの映画で、物語の軸となったのが豊田商事事件だった。そこでは「テレホンレディー」と呼ばれた女性社員が言葉巧みに老人をだます手口などが、事実に沿ってくわしく描かれ、その末に起こった会長刺殺事件も、一部始終がかなり忠実に再現されている。

主犯格Aの役にはたけしがすぐに決まったのに対して、共犯者であるBの演じ手が決まるまでには紆余曲折があった。当初は、監督の滝田洋二郎がピンク映画の男優をキャスティングしていたが、内田が見たところ、どうもたけしとしっくりいきそうに思えなかった。そこで内田は考えた末に、関西でパブを経営していたスティービー原田というこわもての男に変更する。彼の持っている恐怖性が、たけしにぴったりと思われたのだ。スティービーに演技経験はなく、滝田も半信半疑であったが、内田は説得して彼の起用を認めさせた。

はたしてたけしとスティービーは息をぴったりあわせて凶行を演じてみせた。会長の部屋の前にスティービーとともに現れたたけしは、玄関のドアをパイプ椅子で何度も打ちつける。ここからしてすでに鬼気迫るものがあった。

やがて二人は部屋に侵入すると、電話に駆け寄る会長を発見し、たけしの「いてまえ」の合図でスティービーが銃剣を振り下ろす。このあと、めった刺しにされ血まみれになった会長の頭をたけしが左腕で抱えながら再び報道陣の前に現れた。そしてスティービーはさらに左脇腹へとどめとばかり銃剣を突き刺す。そして二人で部屋の外に出てきて、たけしが叫んだ。

「犯人は、おまえ違う、わしや。貸せや！」

彼はそう言ってスティービーから銃剣を取りあげると、現場に集まった報道陣がカメラを向けるなか掲げてみせた。その表情に悪びれた様子はまったくなく、むしろ誇らしげだ——。そんなたけしの演技を見ていて、内田は怖気《おぞけ》立ったという（『アサヒ芸能』一九九三年一一月四日号）。

報道陣の姿勢への疑念

さて、映画と現実の事件には一点だけ大きな違いがあった。それは、内田扮するキナメリが会長と犯人のいる部屋へと飛びこんでいったことだ。

事件は約三〇人の報道関係者が集まるなかで起こった。そのため、なぜ犯人を止めなかったのかと批判の声もあがった。事件当日には、夕方の民放各局のニュース番組に続き、NHK総合の『ニュースセンター9時』でも事件の一部始終を撮った映像が流された。これに対して抗議電話が殺到する。なかには残虐な映像を流したことについての批判もあったが、八割は現場にいた報道陣への非難だったという（『朝日新聞』一九八六年一月四日付）。

映画のなかでキナメリが取材する立場をかなぐり捨てて、部屋に飛びこんでいくという演出も、そうした報道陣の姿勢への疑念から生まれた。内田は後年、次のように語っている。

あの事件は外国でも叩かれたんだよ。日本のジャーナリストは目の前で殺人が起こっても誰もなにもしない。あとは言論の自由を追求したかったんだよね。ああいった現場に直面したときにジャーナリズムの連中は助けに行くべきなのか、なにもしないで報道に徹するべきなのか。いまだに俺わからないけどさぁ。だけど、人間としてはやっぱ窓ガラスを壊して中に入んないとさ。

（『キネマ旬報』二〇一六年五月下旬号）

キナメリは室内に飛びこんで、自らも犯人に刺されるのだが、再び外に出てくる。カメラを向けられた彼はコメントを求められ、一言、「I can't speak fucking Japanese（小汚い日本語なんてしゃべれるか）」とだけ口にし、血まみれの手でカメラのレンズをふさいだ。

報道陣が犯行を〝傍観〟していたことについては、事件直後よりジャーナリズムの世界でも議論が起こった。《もし、報道陣の一人が制止行動に出て刺殺されていたとしたら、世間の反応は違ったものになっていたであろう》とは、本田靖春の言である。本田はこのとき、《ジャーナリストの仕事は、事象を冷静、正確にとらえて、それを情報として伝達することである》とし、その《本来の使命を果たすために、第三者の立場に徹すべきである》と主張した（『朝日ジャーナル』一九八五年七月五日号）。本田の頭には、かつて金嬉老事件で報道陣の何人かが犯人逮捕のため警察に協力した苦い記憶があった。

事件発生時に現場にいた報道関係者のなかにも葛藤があった。毎日放送のある記者は、《永野会長宅にやって来た男たちをいぶかしくは思ったが、すぐに引きあげると思った。他の記者も同じだったでしょう》と証言している（『朝日新聞』二〇一〇年一月二三日付）。

この記者は、男たちが現れた際、主犯格の中年男にインタビューし、「被害者を六人ばかり面倒を見てきた。（永野会長を）殺すように頼まれた」と話すのをカメラに収めていた。だが、その不真面目な態度、独善的な言い分はとても本気には思えなかったという。ゆえにこの段階では、集まっていた記者は誰も警察に通報しなかった（西村秀樹「豊田商事永野会長刺殺事件」、関西マスコミ倫理懇談会50年誌企画委員会編『阪神大震災・グリコ森永vsジャーナリスト』日本評論社、二〇〇九年所収）。

ところが男たちは永野の部屋の前まで来て、玄関横の窓の防犯格子をあっけなく外したかと思うと、ガラスを割って室内に侵入してしまう。これには先の記者も、まったく虚を衝かれたという。凶器となった銃剣は、主犯の男の鞄に入っていたが、報道陣のなかでそれに気づいた者はいなかった。一方で、彼らが侵入するとすぐに警察に通報したという者は、くだんの記者を含め複数人いた。

テレビ各局では永野が刺されたあと、あいついで特別報道番組が始まる。そこでは犯行前の男たちへのインタビューも流されたが、殺されたという結果を知ったうえでそれを見た視聴者はもどかしく思ったことだろう。新聞には、血まみれになった永野を抱きかかえる主犯者など犯行の様子をとらえた写真が掲載された。これが読者や視聴者に、報道関係者は殺害の一部始終をずっと見ていたとの印象を与えたことは間違いない。しかし実際には、これらの写真はマンションの廊下からカメラだけを室内に突っ込んだところ、たまたま撮れていたにすぎない（前掲書）。

話をさらにややこしくしたのは、主犯格の男が逮捕・起訴後に「自分は殺すつもりはなかった。報道関係者から『もっと。もっと』と煽られた」と主張、報道関係者を殺人幇助《ほうじょ》の容疑で告発したことだ。結局、起訴にはいたらなかったものの、その後刑期を終えた男から脅迫まがいの手紙を送りつけられるなど、現場にいあわせた記者たちはその後も事件をめぐって長らく悩まされることになった。

メディアと受け手の共犯関係

事件当日、現場での一部始終を報じた『ニュースセンター9時』の視聴率は放送中、しり上がりに上がり、最高で三一・五％、平均でも普段の倍の二七・三％を記録した。翌日、同じ場面を繰り返した民放のワイドショーも、軒並みいつもより二、三割増の視聴率となる。また新潮社の写真週刊誌『フォーカス』は二週間にわたり現場写真を掲載し、前週号の二割増を売り上げた（『朝日新聞』一九八六年一月四日付）。

マスコミが批判される一方で、多くの人たちは、現場でのショッキングな映像に飛びついたのである。この事件において、報道の受け手もある意味では〝共犯者〟だったとはいえまいか。『コミック雑誌なんかいらない！』のなかでの「fucking Japanese」という内田裕也のセリフは、マスコミのみならず、その先にいる私たち一般大衆にも向けられたものだったような気がしてならない。

このころ、世間を騒がせた犯罪事件には、犯人側が犯行声明を発表したり、メディアに大々的にとりあげられたりして人々の注目を集めたものが目立った。劇場型犯罪という言葉もここから広まっていく。先にもあげた、食品会社があいついで脅迫されたグリコ・森永事件はその顕著な例で、このとき犯人側が何度も警察などに送りつけた挑戦状は、あきらかにメディアを通して人々の関心を集めることを意識したものだった。

『コミック雑誌なんかいらない！』でとりあげられたのも、この手の事件がほとんどといっていい。劇中で〝名演技〟を見せた三浦和義をめぐっては、米ロサンゼルス旅行中に保険金目当てで妻を銃撃したなどといった過去の疑惑（いわゆる「ロス疑惑」）を『週刊文春』が一九八四年に報じて以来、警察が捜査に乗り出す前から報道が過熱していた。マスコミに対し派手な言動を繰り広げた三浦は、アンチヒーロー的存在として一躍時の人となる。三浦が殺害未遂容疑で逮捕されたのは、この映画の撮影からまもない一九八五年九月だった（のち一九九八年、銃撃事件については、東京高裁において地裁での無期懲役判決が覆され逆転無罪となる）。

豊田商事会長殺害もまた、メディアスクラムとも呼ばれる過熱報道のなかで起こった事件であり、事後にカメラの前で凶器をちらつかせるなどした犯人らの態度からしても、劇場型犯罪の典型といえる。メディアスクラムは劇場型犯罪と分かちがたく結びついていた。

マスコミ批評としての『元気が出るテレビ!!』

テレビが事実を装って事件を捏造する「やらせ」問題が浮上したのも、同じく一九八五年だった。テレビ朝日のワイドショー『アフタヌーンショー』で八月にとりあげられた女子中学生リンチ事件が、二ヵ月後に「やらせ」と判明し、ディレクターが暴力行為教唆《きようさ》容疑で逮捕、ついには番組そのものが打ち切られた。

この事件が深刻だったのは、暴行を加える側となった無職の少女たちには事前にスタッフから指示が出されていたにもかかわらず、被害者側の中学生はまったく事情を知らされないまま撮影されていたということである。しかもディレクターは、暴行した少女たちや取材に協力した元暴走族のメンバーには収録後、焼き肉店でおごったり、謝礼を支払ったりしたにもかかわらず、被害者には何の対処もしなかった。たけしもこれについては事件当時、次のように苦言を呈している。

一番まずかったのは、リンチされる側にも事前に〝やらせ〟を伝え、ギャラを払うべきだったのを、手を抜いてやらなかったことだよ。リンチする側もされる側も承知の上だったとしたら、しかもギャラももらった上でのことだったら、それは完全な演技、つまり〝やらせ〟になったんだよ。

逆からみれば、今回の事件は、〝やらせ〟がいけないというよりもテレビ局が〝やらせ〟を徹底しなかったから起きたともいえるんじゃねェのかね。

（ビートたけし『続々　毒針巷談』太田出版、一九八六年）

こうした「やらせ」の手法を逆手にとり、マスコミが事件をつくる構図を批評したともいえるのが、ほかならぬたけしをメインに据えて同年四月に始まった『天才・たけしの元気が出るテレビ!!』（日本テレビ）である。たとえば番組開始直後の一企画「熊野前商店街復興広告計画」は、たけしが番組内で荒川区に毒づいたところ、区民を怒らせたのがきっかけで生まれた。このとき、同区内でもとくに怒りが頂点に達していた熊野前商店街に対して、それを鎮めるため番組がＰＲに乗り出し、寂れた商店街へ大勢の人たちが集まる事態にまで発展する。

事実と演出の境目がどこまでもあいまいなのが、『元気が出るテレビ!!』の特徴であった。これは現実の事件を当事者も交えて再現した『コミック雑誌なんかいらない！』にも通じるものではないか。

写真週刊誌ブームとその終焉

『コミック雑誌なんかいらない！』では、製作中の一九八五年八月に起こった日航ジャンボ機墜落事故もとりあげられている。映画のなかでは、事故現場で撮られた犠牲者の遺体の一部などショッキングな写真も挿入されていた。これらは当時、写真週刊誌に掲載されて物議をかもしたものだ。

写真週刊誌はこのころブームのさなかにあった。先行した新潮社の『フォーカス』と講談社の『フライデー』の販売競争からスキャンダリズムを意味する「ＦＦ現象」という言葉が生まれる。この二誌の躍進に乗じて、『エンマ』（文藝春秋）、『タッチ』（小学館)、『フラッシュ』(光文社)と各社から写真週刊誌が創刊された。一九八六年一一月には五誌の発行部数の総計は五二〇万部に達している。

だが、写真週刊誌ブーム終焉のきっかけをつくった張本人こそ、ビートたけしであった。たけしは自分と愛人関係にあった女性を『フライデー』が執拗に取材で追いかけまわしたことに怒り、一九八六年一二月九日未明、弟子の「たけし軍団」のメンバーを引き連れて同誌編集部に乱入した。当初は《「殴り込む」というより、「話をつける」つもりだった》というが、結果的に暴力沙汰に発展してしまう(ビートたけし『真説「たけし!」——オレの毒ガス半生記』講談社+α文庫、一九九九年)。

たけしに言わせると、フライデー事件の発端はごくささいなことだった。あるフリーライターに自分のところへ出入りを認めていたところ、ある時期からたけしのプライバシーがどんどん『フライデー』に出るようになった。相手の思惑に気づいたたけしはそのことが許せず、あのような行動に出てしまったのだという(ビートたけし『たけしの死ぬための生き方』新潮文庫、一九九七年)。

だが、編集部への乱入は、事件から約二週間後の一二月二二日の記者会見で「シラサギを撃ったつもりが特別天然記念物のトキを撃っちゃったみたいな話で、なんでこんなことになっちゃったのかわからない」とたけし自らいみじくもたとえたように、想像以上に波紋を呼んだ。

ときの中曽根康弘内閣の官房長官・後藤田正晴が「写真週刊誌の取材のやり方は行き過ぎもあり、ビート君の気持ちはよくわかる。かといって直接行動におよぶことは許されることではない」と発言したほか、文相の塩川正十郎も衆議院文教委員会で「夜中に編集事務所を訪れて、暴力を振るうなどということは、民主主義社会では許されるものではない。(しかし)出版社は社会的に容認される限度内の取材をすべきだ」と答弁、憲法で保障された表現の自由は特権的なものではないと釘を刺した。

こうした政治家たちの発言もあいまって、議論はたけしの行動や写真週刊誌の取材姿勢の是非にとどまらず、言論や表現の自由のあり方にまで発展する。一方で、この事件を境に写真週刊誌の読者離れが進む。翌八七年三月には総計三五〇万部にまで落ちこみ、同年五月には『エンマ』が廃刊された。

活動自粛中に得たもの

乱入という形ばかりでなく、報道のあり方をめぐり議論を呼んだ点で、豊田商事会長刺殺事件とフライデー事件は通底していた。その意味で『コミック雑誌なんかいらない！』へのたけしの起用には予見めいたものを感じさせる。この映画自体は一九八五年の秋までには完成していたものの、配給先がなかなか見つからず、けっきょく年をまたいで八六年二月、製作のニュー・センチュリー・プロデューサーズの配給により封切られている。

フライデー事件により傷害罪で起訴されたたけしは、一九八七年六月に執行猶予つきの有罪判決を受けた。この間、いったんは事件後一週間足らずで芸能活動を再開したものの、そのことに世間から批判の声も上がり、テレビ各局はすぐさまたけしとたけし軍団の番組出演を見合わせる。結果的に彼はこのあと半年以上ものあいだ活動を自粛した。

活動自粛中、一時伊豆に逗留したたけしは、数学者・広中平祐の著書を読み、考える持続力をつけなければならないと思い立つ。そして休業しているあいだは毎日、中学の全科目の教科書の内容を学び直したという（前掲、『たけし事件』）。このことは後年のテレビ番組『たけし・逸見の平成教育委員会』（のちに『平成教育委員会』。フジテレビ、一九九一～九七年）の企画へとつながっていく。

たけしはまた、活動自粛中に『コミック雑誌なんかいらない！』をビデオで繰り返し観直していたという（『アサヒ芸能』一九九三年一一月四日号）。思えば、その劇中での演技は、後年の彼の監督作品におけるバイオレンスシーンにもつながっていることはあきらかだ。近年の『龍三と七人の子分たち』（二〇一四年）にいたっては、振り込め詐欺にあった元暴力団組長の老人が、かつての子分らを引き連れて首謀者に復讐するという構図が、豊田商事事件とよく似ている。こうして見ても、『コミック雑誌なんかいらない！』に出演した経験が、その後のたけしの行動に小さからぬ影響をおよぼしたことは間違いない。

第三章　宗教と科学

——イエスの方舟・エホバの証人・バイク事故

「おまえらの面倒は一生見る」

一九八六年一二月、講談社の『フライデー』編集部に乱入したビートたけしと弟子の「たけし軍団」のメンバーは、傷害罪の現行犯で逮捕されると同社のすぐ隣にある警視庁大塚署に連行された。

軍団のひとりガダルカナル・タカによれば、このとき取調室に行く途中、廊下を歩きながらたけしは振り返るようにしてメンバーを見ると、小声で「悪かったな。おまえらには感謝してるぜ」と言ったという。さらに続けて「おまえらのことは一生、面倒見るからよ」と口にしたたけしに、自分たちは全員「もう、どうなってもいい」と本気で思ったと、タカは書いている（たけし軍団編、ガダルカナル・タカ監修『我が愛と青春のたけし軍団』双葉社、二〇一四年）。たけしも細かいシチュエーションはともかく、自分の発言については事実と認める。

警察のライトと報道陣のライトがパーッと光った時に、「おまえらの面倒は一生見るからな」って、そう言ってたっていうのが伝説になってるの？　それ、映画化したいね（笑）。でも、本当にそうだったんだよね。うん、タカに「悪かった」ってちゃんと言ったんだけどね。

（北野武『異形』ロッキング・オン、二〇〇四年）

たけしのなかでは軍団のメンバーが前科を持つのはそうとうなことであり、彼らを一生かけて面倒見なければと覚悟を決めたという。

たけしの弟子は、一九八二年に弟子入りしたそのまんま東を筆頭に、ガダルカナル・タカはすでにカージナルスというコンビで一緒に活動していたつまみ枝豆とともに所属事務所の解散を機に入門、また立川談志一門（落語立川流）からダンカンが移籍してくるなど、どんどん増えていく。『オールナイトニッポン』やテレビ番組の収録先で出待ちして弟子入り志願する者もあとを絶たなかった。たけしはそんな彼らを何の選考基準もないまま、早い者順に入れていったという。もともと野球チームをつくりたかったたけしは、やがて彼らを「たけし軍団」と名づけ、一緒に野球をするばかりでなく、自分の番組にそろって出演させて芸能界に売り出した。

軍団には少年院の出身者、右翼団体の元構成員、やくざの息子などアウトロー的な出自を持つメンバーも少なくなかったという。こうして見ると、たけし軍団は駆け込み寺的な役割を担っていたふしがある。
父親とまともに口を利いたことがなかったというたけしは、父との関係のあり方がわからない分、《軍団に対して親代わりみたいなことをやってるのかもしれない》と、後年語っている（前掲、『異形』）。彼にとってはそれが心地よかった。でも、師匠と弟子の関係はそこで終わりじゃなきゃいけないともたけしは言う。たとえ弟子が成功しても、恩返しを求めたりしてはいけないというのだ。ようするに軍団とは肉親を思わせる疑似家族ともいうべき関係だった。

千石のおっさんはオレに似ている

弟子たちを持ったことは、たけし自身の成長にとっても必要なことだったようだ。たとえばフライデー事件の前年の一九八五年一〇月、彼（当時三八歳）はこのとき撮影していたドラマ『イエスの方舟――イエスと呼ばれた男と19人の女たち』とからめてこんなことを日記につづっていた。

千石イエスのおっさんって、オレに似たところがあるんだよ。オレは自分の生き方や芸事に自信がないけど、軍団がまわりにいるからなんとか格好をつけようと思っている。それと同じで千石のおっさんも女の子たちに囲まれて必死になっているんじゃないか。親近感を覚えるね。まわりに人を持つことで、人間それらしくなっていくんだ。ヤクザの親分だって、親分らしい貫禄を見せているけど、最初はみんなチンピラだったんだもの。ポジションが人を作るんだよ。当人がもがくのをやめたらだめだけどね。

（ビートたけし『午前3時25分』太田出版、一九九三年）

「千石イエス」とは、実在の宗教団体「イエスの方舟」の主宰者・千石剛賢《たけよし》のことである（なお千石イエスの名はマスコミが多分に揶揄《やゆ》の意をこめてつけたもので、イエスの方舟側はこれを認めていない）。その信者（会員）の多くは、たけしが「女の子たちに囲まれて」と書いているとおり女性で、ある事情から一九七八年から八〇年にかけて全国を放浪し、八五年当時は福岡に拠点を定めていた。そんな千石をモデルにドラマをつくることになり、主演にたけしが抜擢されたというわけだ。

現実の千石が方舟の会員との放浪生活を終えたのは、五七歳になろうかというときだった。そのためたけしも髪に白いものを交ぜ、しかも千石は兵庫出身とあってセリフは

すべて関西弁と、それなりに役づくりしてドラマにのぞんだ。このとき演じた「いろいろなものを背負いこんだ男」という役柄は以後、第二章でとりあげた金嬉老や三億円事件犯人の役にもつながっていく。

たけしにとって『イエスの方舟』は『昭和四十六年、大久保清の犯罪』に続く実録ドラマとなったが、劇中ではほぼ暴力は封印された。そもそも、いわゆるイエスの方舟事件を大久保清事件と同様の犯罪事件と呼ぶのは語弊がある。ここで確認のためにも、事件のあらましを見ておこう。

イエスの方舟事件

千石剛賢は大阪の「聖書研究会」から数名の仲間とともに脱退し、一九六〇年に上京、国分寺市恋ヶ窪でイエスの方舟の前身である「極東キリスト集会」を結成する。千石ら会員たちは共同生活のもと聖書研究を続けながら、生計がなかなか成り立たなかったこともあり、以後、東京西部・三多摩地区の各所を転々と移り住んだ。一九七四年に東大和市のプレハブ平屋建てに住んだときにはマイクロバスを三台購入し、住宅と教会の兼用にしている。「イエスの方舟」の名称を初めて掲げたのはその翌年、七五年に国分寺市日吉町に移転してからのことだった。

この間、少しずつ会員が増えていくが、そのなかには家族との不和から家出してきた若い女性たちもいた。やがてイエスの方舟と、娘を取り戻そうとする家族とのあいだで軋轢が生じるようになる。方舟のもとには連日のように家出女性たちの家族がシュプレヒコールをあげ、ついには会員を力ずくで連れ戻そうという事態にまで発展した。これに対し方舟は家族や社会との直接対決を避けるべく、一九七八年四月には東京を離れ、全国各地を放浪する生活を始める。

このあと一九七九年一二月になって、月刊誌『婦人公論』(一九八〇年一月号)に、方舟の会員の母親の手記を中心に構成された記事が「千石イエスよ、わが娘を返せ――十数名もの若い女が一人の男のもとで共同生活する奇怪な宗教集団に、高校在学中の娘を奪われて」と題して掲載される。これを契機にイエスの方舟が社会問題として表面化、翌八〇年二月には『サンケイ新聞』(現・『産経新聞』)が千石と方舟を糾弾するキャンペーンを開始したこととあいまって、怪しげな教祖が若い女性をだまして、ハーレムを形成しているかのごときイメージが世に広まっていった。

週刊誌『サンデー毎日』も当初は千石や方舟に批判的だった。それが編集部に方舟の会員から届いた手紙を、原文のまま八〇年四月から五月にかけて二回にわたり掲載したのをきっかけに、これまでマスコミの伝えてきたことは方舟の実態とは異なるのではないかという論調に転じる。さらに方舟から打診を受けた同誌編集部は、同年六月に方舟の会員たちを逃亡先の福岡からひそかに連れ出すと、東京を経由して、取引のある製本工場の熱海の社員寮に匿《かくま》った。ここで同誌は千石をはじめ会員に取材を行い、これをもとに方舟を擁護する記事を掲載し続ける。その甲斐あって、しだいに世間の誤解は解け、娘の家出には親たちの側にも問題があったのではないかという認識が浸透していく。

これと前後して八〇年七月三日には、警視庁が千石と方舟の幹部五人に対し、会員の家族への名誉毀損と暴力行為などの容疑で逮捕状を取り、全国に指名手配した。同日中には熱海の社員寮に捜査員が入り、家族から捜索願が出ていた女性七人が保護されるとともに、幹部一人が逮捕、三人が任意同行を求められ身柄は警視庁に移された。千石はこの日、心臓発作を起こして病院に収容されたため、逮捕状の執行は見送られる。

保護された女性たちは、『サンデー毎日』の取材時と同じく、方舟には自ら進んで入会したのであり、家族や警察に強制的に連れ戻されたと主張する。そのため、捜査は任意に切り替えられ、名誉毀損容疑による書類送検にとどまった。翌八一年、東京地裁で不起訴となったことで事件は沈静化にいたる。

一九八〇年一二月に方舟は福岡に移転、生活基盤を築くためにクラブを経営しながら、二〇〇一年一二月一一日に千石が七八歳で亡くなったあとも、ほぼ姿を変えずに家族のような共同生活を維持し続けている。

伊丹十三の企画が発端

ビートたけし主演で『イエスの方舟――イエスと呼ばれた男と19人の女たち』がTBSで放送されたのは一九八五年一二月九日だった。第一章でとりあげた『昭和四十六年、大久保清の犯罪』に続きプロデュースは八木康夫、脚本は池端俊策が担当した。

イエスの方舟をドラマの題材にとりあげることを提案したのは池端だった。ただし、もともとは、これより前、伊丹十三が自らの監督・主演でこの事件をドラマ化するつもりで池端に脚本を依頼してきたのが発端だという。池端は取材にも同行したが、そのうちに伊丹と千石剛賢がけんかを始め、結果的に企画は中止となる。これについて池端は《ぼくの知らないところでかなり深い誤解があったみたいです》と、八木との対談で語っている（池端俊策『池端俊策　ベスト・シナリオ　セレクションⅡ』三一書房、一九九八年）。

時期的にはイエスの方舟事件からまもない八〇年代初めのことだろう。ちょうど伊丹が精神分析や心理学にのめりこみ、『モノンクル』という雑誌（朝日出版社、一九八一年創刊）を責任編集するなどしていたころだ。千石についても、後述するような母親や家族との関係から興味を持ったに違いない。もしこの企画が日の目を見ていたのなら、本書の序章で引用した言葉どおり、伊丹は西欧の俳優にならい千石本人になりきったのだろうか。

ともあれ、伊丹の企画が白紙となったあと、池端には資料とともに「面白い教団だな」というイメージだけが残った。たけしで千石をドラマ化してみてはどうかと考えたのは、それから二年ほどして『大久保清』を書いたあとだった。

母と天皇の〝喪失〟

池端いわく千石剛賢は《奇妙なことに大久保清のマザーコンプレックスとどこか似通

った匂いをもっている人物で》あった（前掲、『池端俊策 ベスト・シナリオ セレクションⅡ』）。
一九二三年に兵庫県に生まれた千石は、末っ子で膀胱結石を患っていたこともあり、母から溺愛された。家の宗教は真言宗であり、彼は何でも言うことを聞いてくれる母親と仏教における仏を重ね合わせていたという。

青年期に膀胱結石の手術を受けた千石は、甘えも克服するべく丁稚奉公や仏道修行に励んだが、どれも長続きせず、途中で断念しては家に逃げ帰り、また親に依存するということを繰り返す。

結局、千石が母親の呪縛から解放されたのは、母が病没した一九五八年のことだった。母が死んだ途端、幼い頃から抱いていた母への崇敬の念が一挙に消え、その愛情はエゴにほかならなかったという抑えようのない感情があふれてきた。《家族間の過度な情愛は、真に人間を生かすことにならないというこうした考え方は、のちのイエスの方舟の活動においても、色濃く受け継がれてゆくことになる》と、宗教学者の大田俊寛は指摘する（大田俊寛「千石剛賢――日本的家族観に抗った「イエスの方舟」」、苅谷剛彦編『ひとびとの精神史 第四巻 東京オリンピック――1960年代』岩波書店、二〇一五年所収）。

ドラマでは多分にフィクションも盛りこまれたため、千石剛賢ではなく京極武吉という役名が用いられ（方舟の放浪の年代も現実とは多少ずらしてある）、母親からの解放も事実とはやや異なる描写がなされた。劇中で京極の母親は熱心に天皇を崇拝していたが、敗戦後に昭和天皇が人間宣言をすると、すっかり熱が醒める。これを受け、母の影響から自らも天皇を崇拝していた京極は、天皇とあわせて母への崇敬の念も失ってしまうものとして描かれた。

現実の千石も、かつて天皇に対して素朴な崇敬の感情を抱いていたのは事実である。ただ、それが薄れていったのは、母親の影響というよりは、むしろ戦況の悪化を軍隊で目の当たりにしたことが大きい。広島の大竹海兵団に志願して入隊した彼は、そのころ江田島の記念館を訪れ、そこに展示されていた天皇の履物の底がすり減っていることに気づき、天皇もまた普通の人間にすぎないことをしみじみ実感したという。また固い絆で結ばれた戦友たちが次々と出兵して死んでいったことから、国家に裏切られたとの思いを募らせながら敗戦を迎えた。

いずれにせよ、母親と天皇の〝喪失〟は、千石が自らの宗教観を形成していくうえできわめて重要なできごとであったことには違いない。前出の大田は《生家において愛情を注がれた母親の否定、また、国家における長＝父親である天皇の否定という経験を通して、千石の宗教観においては、「家族的な人間関係は幻想にすぎない」という考え方が次第に形を取っていったと思われる》と説明する（前掲書）。

ドラマでも、京極が喪失感から代わりとなるものを探し求めるうち、やがてキリスト教にめぐり合ったというふうに描かれた。池端はここから次のように、たけし起用の意図を明かす。

そういう大きな力を必要としちゃっている人、何かに庇護されていないとどうも安定しないという、そういう人間像が、比較すると非常に心苦しいけれど、大久保清とちょっと似ている部分があって、だったらたけしさんでいけるんじゃないかというう連想がぼくの中であったのね。で、八木さんに相談したら、即ＯＫ。

（前掲、『池端俊策　ベスト・シナリオ　セレクションⅡ』）

八木は『大久保清』のときの経験から、池端なら、ドラマを観ている人が劇中の人物をどこか自分と置き換えるような普遍性をもって描いてくれるという手ごたえを感じていた。このときも池端から話を聞いて、より視聴者の共感を得るだろうと直感し、提案に乗ったという。

家族の問題として

しかし企画してから放送するまでには足かけ三年ほどを要した。八木の記憶では脚本ができあがるまでに一年弱ぐらいかかったらしい。あわせて千石たちとの信頼関係を築くため、八木たちは先方に通いつめた。方舟の会員らはバッシング報道からマスコミに不信を抱いていただけに、それはどうしても必要な手順であった。八木や池端としても通って話をするなかで、世に報じられているのとはまた違ったものがあるのではないかと気づかされることもあったようだ。「その意味で自分たちのなかでも時間が必要だったと思う」と八木は語る。その甲斐あって脚本も方舟から承諾がとれ、撮影に入ることができた。

作品が完成したあとは、ＴＢＳの系列局である福岡のＲＫＢ毎日放送に方舟の会員を招き、弁護士も同席のもと試写を行った。そこで先方が納得できなければ、放送の差し止めを請求するとの約束だった。しかしドラマで描く以上、どこか否定的な部分も入れないと意味がない。そこは八木なりに丁寧につくってきたつもりだが、もしこれでだめだったらどうしようか、「試写のあいだはドキドキだった」と八木は著者の取材時に述懐した。

「でも後半、メンバーの方が涙を流されていて。（試写が終わったあとで）もし何かあれば、できる範囲で直せますと言っても、『いや、もうこれでいいです』とあとは一切おっしゃらなかったですね。そのときはホッとしました」

ドラマ『イエスの方舟』は、実際に起こった事件を題材に、方舟の漂流をフィクションを交えながら家族の問題として描き出した。劇中では、娘（配役：小林聡美）に出ていかれた父親（同：佐藤慶）を家長とする家族にスポットが当てられる。そこで親の子供への過保護ぶりを表現するのに、息子が寿司のネタだけ食べて飯を残すというシーンをさりげなく入れるなどしていたのが印象深い。八木康夫が『大久保清』よりも普遍性があると思ったのは、まさにそういったところだろう。

日本の新興宗教の多くが「貧・病・争」の解決を謳うことで発展してきたとは、しばしば言われるところである。第二章でふれたとおり決して裕福とはいえない家が集まっていたたけしの足立区の実家周辺にも、立正佼成会や創価学会の信者が多かったという。余談ながら、たけしの母・さきも近所の人に誘われて各教団の集会に参加したり機関紙を購読したりしていたというが、それはあくまで「つきあい」で、本音では「あすこ入っても効かないわ」などと言っていたと、たけしは冗談めかして語っている（北野武『孤独』SB文庫、二〇〇八年）。いかにも息子たち全員を工学部に進ませた母親らしいリアリストぶりではないか。

それはともかく、「貧・病・争」のうち「貧」と「病」は、高度経済成長や近代医学の進歩にともない、おのずと大きな問題ではなくなっていく。しかしその一方、家族間の「争」いは深刻なものと化した。千石のもとに駆けこんだ多くも、親の過剰な干渉や抑圧に耐えかねた娘、夫から日常的に暴力を振るわれていた妻など、家族関係に何らかの問題を抱えていた女性たちであった。こうした状況は、農村を離れて大都市へ大勢の人々が移動するにともない核家族化が進行し、少数の人間が密閉された住居で生活することが多くなった結果ともいえる（前掲、「千石剛賢」）。

ラジオで〝教祖〟にまつりあげられる

千石剛賢も、たけしが演じた京極武吉も、さまざまな悩みを抱える人たちを寄進や入会金もとらずに受け入れ、持病を押して相談に乗るうちにやがて心身ともに限界に達する。ドラマのなかでいえば、小林聡美演じる家出少女に、京極が自分を試されるように修学旅行先まで呼び出されるなどさんざん振り回されたあげく、一緒に死のうと言われ、睡眠薬をむりやりウイスキーで飲むというシーンは劇的だった。

こうした極限状況に追いこまれることは、現代においては宗教家でなくとも起こりうることなのではないか。それを証明するように、脚本家の林秀彦は、自分も千石のようになりかかったという体験を『サンデー毎日』一九八〇年八月一七日号に寄せた手記のなかで告白している（林秀彦「私も「方舟」の教祖になりかかった」、作品社編集部編『読本 犯罪の昭和史3』作品社、一九八四年所収）。

それは林があるラジオ局で月曜から金曜まで二時間の番組を担当していたときのこと。林は自分の日々の思いを番組内で率直に語り、リスナーに共感と反応を求め、連帯をうながす。さらには自宅の住所と電話番号まで明かし、個人的なコンタクトを求めた。そうしているうちに林は《自分の意図とはあまりにも遊離しながら、知らぬ内に（中略）、いわば「あたりまえの方舟」の教祖になりつつあった。私は一方から迫害を（過言ではない）、別の一方からは熱狂的な共鳴を受けることになった》という（前掲書）。

結局、番組自体は二ヵ月で終了するも、以後も林の家には電話が鳴り続け、山のように手紙が届いた。その大半は地方から都会に出てきた一人暮らしの女性たちからであった。

誰もが孤独で、悩みを持ち、苦しんでいた。誰もが連帯感に飢え切っていた。私の家は一時《いっとき》彼女たちの来訪で、ハレムのようになった。ある人は私を、はっきり、救世主だと言った。私によって生き続ける勇気が湧いた、と言った。誰もが真摯だった。真面目すぎるほど、真面目だった。

（前掲書）

しかしこうした状況はしだいに大きな負担となっていく。林は集まった人々を救う資格が自分にあるのかと考え続けるうち、ノイローゼとなり、自身の家庭も崩壊寸前にまで追いつめられた。そこでついに「教祖を放棄」したのである。

トランジスタラジオの普及、また昼のワイド番組や深夜番組などで個人のパーソナリティが主体になる傾向が強まるにしたがって、ラジオは送り手と受け手がダイレクトに結びつきやすいメディアとなった。そのなかで林のように教祖のごとくまつりあげられるケースはけっして少なくはない。ニッポン放送の深夜番組『ビートたけしのオールナイトニッポン』(一九八一〜九〇年)のパーソナリティを一〇年にわたって担当したたけしも例外ではないだろう。その影響力は林を上回るものではなかったか。

『ビートたけしのオールナイトニッポン』は放送開始以来、若い世代を中心に圧倒的な支持を集めてきた。先述のとおりこの番組でたけしに魅せられて、弟子入りを志願する者もあいついだ。

たとえばたけし門下の漫才コンビ・浅草キッドの水道橋博士は、岡山での高校時代、不登校になって家に引きこもりがちだったころ、『オールナイトニッポン』でのたけしのトークにすっかり心をつかまれたことを、次のように書いている。

毎週、深夜放送らしいバカ話が繰り広げられるわけだが、時折ビートたけしがシリアスな話題を正面から語る時の凄みといったらなかった。

ボクだけじゃない。バカ話の合間に、その人生論が垣間見えた放送の直後は、リスナーから将来に関する悩みを打ち明ける葉書が寄せられることがあった。そのような相談に対し、冗談めかして答えることもあったため、答えれば答えるほど、まるで駆け込み寺のように悩み相談がさらに寄せられた。

しかし、そういう「聞き分けのいい」兄貴が語るような、ありがちな深夜放送を唾棄《だき》すべきものと考えていたのが、他でもない、ビートたけし本人なのである。ある時、「めんどくせぇよぉ、いちいち俺に相談すんな！」と切り返すと、「悩んでる奴は死んじまえ！」と突き離した。

（浅草キッド『キッドのもと』ちくま文庫、二〇一六年）

博士には「死んじまえ！」の一言が胸に刺さったという。それは彼にとって、天からの啓示に等しいものであった。《「なんだ、今、ここにある悶々なんて、すべて笑い飛ばせばいいんだ！」／そう思うと、突破口がくっきりと目の前に見えた》という（前掲書）。

ここから博士はビートたけしのところへ行けば道は開けると思い、上京してたけしの母校である明治大学に入り、一九八六年春にはついに、たけしに弟子入りする。ちなみに博士はフライデー事件が起きた当時、かつて師匠のたけしが在籍した浅草フランス座へ、翌八七年に浅草キッドとしてコンビを組む玉袋筋太郎とともに預けられ、修業中だった。

ともあれ、学業などから落ちこぼれた者たちにとって、すべてを笑いのネタにすればいいというたけしの人生観は大きな影響力を持った。そうやって魅かれ、自分のもとにやって来る〝信者〟を、たけしはほとんど拒まず受け入れ、完全な共同生活とはいかないまでも、面倒を見続けるようになった。彼は教祖の役を自ら買って出たともいえよう。

信者＝弟子を抱えつつも、たけしが千石や林秀彦のように疲弊しなかったのは、彼らを「たけし軍団」として自分の土俵に引っ張り出し、笑いに転化できたからではないか。逆にいえば、フライデー事件でたけしが弟子たちに責任をとると口にしたのは、何事も笑いに変えられる場が事件によって失われるかもしれないという予感から来るものではなかっただろうか。

「心配させる」教祖

自分はある意味教祖であるという意識を、たけしはいつしか抱くようになったことは間違いない。一九八四年、彼は週刊誌『朝日ジャーナル』の「若者たちの神々」という連載対談に登場した。このころのたけしは、政治や社会問題などへの発言も増え、著書も出すようになっていた。対談では同誌編集長・筑紫哲也がそれを踏まえて「あなたの書いているものは、自分たちの影響力よりはるかに強いと思う。教祖になってしまうのではないか」と訊ねると、《だから、宗教団体にするといちばん儲かるといわれてる。あの本［引用者注――たけしの著書］は三〇〇〇円で売るべきだと。普通の値段だとまずいんで、高くして経典とすれば売れるって》と返している（筑紫哲也ほか『若者たちの神々I』新潮文庫、一九八七年）。

後年にいたってもたけしは《俺も、もしかしたら現代的な教祖みたいなものになってんのかもしれないけど》と前置きしつつ、教祖の生き方には三つあると、以下のように分類している。

一つは尊敬される方法。芸人で言えば、俺もああいう芸をしたいなって弟子から思われるタイプ。それから、二つ目は感謝される方法。弟子の面倒をよくみてあげるタイプ。ほいで、俺の場合は三つ目の、みんなに心配させる方法なの。上の人にも下の人にも今まで散々言われたもん。たけちゃんとかたけ坊とか、たけしさんとか、みんな心配でしょうがないって言うんだよ。（前掲、『孤独』）

「心配させる」タイプの教祖ゆえに、ファンのほうも、たけしを自分のものにしたくて、まかり間違っても殺してしまうような者はおらず、どちらかといえばたけしと同化は避け、「たけちゃん、これからどうなんだろう」と、なるべくそばでじっと見ているだけだという。

これは管見ながら、方舟の会員たちから「おっちゃん」と呼ばれた千石剛賢も教祖としては「弟子の面倒をよくみてあげるタイプ」であるだけでなく、たけし同様「みんなに心配させるタイプ」ではなかっただろうか。

方舟の二年あまりにおよぶ放浪も、もとはといえば、会員の家族からの攻勢が強まり、このままでは千石の命が危ないと察知した女性会員らの決断で始まったものだった。また、信者の女性たちが方舟の資金が尽きようとしていると察するや、千石が止めるのも振り切ってクラブで働き始めたのも、根本には千石への「心配」があってのことだろう。

たけしもまた、フライデー事件、そして後述するバイク事故とたびたび危機に陥りながら乗り越えられてきたのは、本人の力もさることながら、弟子を含め周囲の人々が心配して、助けの手を何らかの形で差し伸べてくれたことも大きいはずだ。ここでもたけしと千石の姿が重なり合う。

演技であるのに演技でなくなる

たけしはこのあとも、宗教や信仰をテーマにした映像作品にたびたび出演している。一九九三年には、自著の同名小説（太田出版、一九九〇年）を原作とする映画『教祖誕生』（天間敏広監督）で架空の新興宗教の教団幹部・司馬を演じた。

映画では司馬をたけし自身が演じているため、そのイメージに引きずられがちだが、原作小説においては、教団の先代教祖の急死後、その座を引き継ぐ若い信者・和夫（映画では萩原聖人が演じた）もまたたけしの分身と解釈できる。

司馬はときには狡猾ともいえる手段もとりながら、まったくの「無」の存在である青年を教祖へとまつりあげていく。そこに書かれていることは、たけしがいかに己のなかの分身と対話しながら、自分をプロデュースしているのか、その手の内を明かしているようでもある。

たとえば前半の一シーンで、教祖が手かざしで病気を治すという路上実演で、教団に入ってまもない和夫がサクラとして足の不自由な青年に扮するよう任される。もともと足は悪くないのだから、教祖が手をかざしたタイミングで、すぐ立ち上がれるはずだ。それがいざやってみると、なぜか足がしびれてなかなか立てない。何度か手かざしを繰り返すうち、ようやく彼は立ち上がれたのだった。しかし、この〝演技〟がかえって観衆に真実味を与えることになる。このあと司馬が和夫に向かって口にする《演技であるのに演技でなくなる、本物になってしまう。本物にしてしまう偉大な力を君はしっかり把《つか》まなければいけないんだ》（ビートたけし『教祖誕生』新潮文庫、一九九四年）との言葉は、まるで「俳優・ビートたけし」に対し彼の別人格がそう説いているかのようだ。

たけし、市井の人間を演じる

映画『教祖誕生』が公開されたのと同じく一九九三年には、やはり宗教をとりあげたTBSの単発ドラマ『説得　エホバの証人と輸血拒否事件』にもたけしは出演している（三月二二日放送）。『イエスの方舟』や『教祖誕生』が宗教団体に焦点を絞ったものだったのに対して、『説得』では個人の信仰がテーマとなった。

『説得』のモデルとなったのは、第二章でとりあげた豊田商事会長刺殺事件と同月、一九八五年六月六日に川崎市で実際に起こった事件である（ただしドラマのなかでは日付は変えられている）。この日、小学五年生の男児が自転車に乗っていてダンプカーと接触、両足などを骨折して同市内の病院に救急搬送された。医師の指示で手術を受けることになったが、駆けつけた両親が、自分たち家族の信仰するキリスト教の一宗派「エホバの証人」の教義を理由に輸血を拒否する。このため医師らはほとんど手の施しようがなく、男児はけっきょく出血多量で死亡した。

このドラマでたけし（当時四六歳）は、事故に遭った男児の父親（事件当時四二歳）を演じている。その役柄はたけしにしてはやや異質といえる。彼がドラマや映画で演じてきた人物の多くは、暴力のイメージがつきまとうが、本作の父親にはそれが一切ないからだ。そもそもまったくの市井の人物（元サラリーマンで、事件当時は小さな書店を経営していた）という役どころからして、たけしには珍しい。

ただ、テレビドラマには難しいテーマをとりあげた点では、ほかのたけし主演の実録ドラマと同じだ。とくに『イエスの方舟』で焦点となった宗教と家族の問題は、形を変えて『説得』に引き継がれているといえる。

台本を書き出すまでに二年を要する

このドラマは、前出のプロデューサー八木康夫が、ノンフィクションライターの大泉実成《みつなり》の同名の著書（現代書館、一九八八年）を原作に企画したものである。くだんの事件に際してマスコミでは、病院に運ばれた男児が「生きたい」と訴えたと報じられ、そう叫ぶ子供をなぜ救うことができなかったのかという批判が渦巻くことになる。当時大学院生だった大泉は、少年がなぜ「生きたい」と訴えたのか、そしてその意志はどこにあったのかを知りたくて、関係者たちのなかに飛びこんでいったという。

大泉が真相を探るためにとった手段は、男児の父親が出入りしていたエホバの証人の集会所に自らも通い、聖書研究に参加しながら父親と接触するというものだった。いわば潜入ルポというわけだが、しかし大泉は、たとえば鎌田慧《さとし》がトヨタ自動車の工場に季節工として潜りこんで書いた『自動車絶望工場』のように告発のためにこの手段を選んだわけではない。そもそも大泉がこの事件に惹きつけられた理由は、何よりもまず、彼自身が少年時代にエホバの証人の信者だったからだ。それゆえ取材においても、あくまで父親に寄り添うように、その心情を探ろうとしている。

ただ、こうした手法で書かれたノンフィクションをそのままドラマにはしにくいはずだ。それに加え、先述したとおりテーマ的にもハードな問題をはらんでいる。事実、脚本を担当した山元清多《きよかず》は、八木から渡された原作を読み、その新しいスタイルに魅かれつつも、テレビドラマにするとなると正直腰が引けたという。《舞台や映画ならともかく、お茶の間の視聴者に、いかなる理由があるにしろ輸血すれば助かったはずの子供に輸血させないで言わば見殺しにしてしまうという親の選択が説得力を持つのだろうか？》というのがその理由であった（日本脚本家連盟編『テレビドラマ代表作選集 1994年版』日本脚本家連盟、一九九四年）。けっきょく山元は、台本を書き始めるまでに、依頼されてから二年近く躊躇《ちゅうちょ》の時間をすごしたという。

当事者は普通の人たちだった

躊躇の末に山元が選んだのは、家族の歴史をたどりながら描くというスタイルであった。もともとは劇団黒テントの座付き作家・演出家である山元には、テレビでの代表作として、『ムー』シリーズや『時間ですよ 平成元年』『パパとなっちゃん』などホームドラマも多い。ちなみにたけしとは、彼の初の主演ドラマである『刑事ヨロシク』に脚本家の一人として携わっていた。

『説得』では、たけし演じる父・昇と大谷直子演じる母・ますみが、息子の健が交通事故に遭ったことを知らされ車で病院へと向かう。病院に到着するまでのあいだ、回想シーンが折に触れて挿入される。そこでは時間を一三年ほどさかのぼり、ともに服地問屋で働いていた昇とますみの馴れ初めから、結婚して子供を儲け、事故当日を迎えるまでの日々が丁寧に描かれている。

ホームドラマという形式をとって、ひとつの家族が形成されるまでの推移がくわしく描かれたのは、事件の当事者があくまで普通の人たちであったことを強調するためだろう。

昇は、長女に続き健の生まれるころ全国チェーンのスーパーマーケットに転職し、各地を転勤しながら、仕事に生きがいを感じるようになっていた。だが、店次長に昇進後、小学生となっていた長女が引っ越し続きの生活に不満を抱き家出騒ぎを起こしたあたりから、働きづめの日々に疑問を覚え始める。昇の勤める店舗に対して本社からのノルマもきつくなるばかりだった。そんな本社の売上至上主義に、昇は「俺たちは〝安売りの機械〟じゃない」とすっかり嫌気が差して、ついには退職してしまう。

昇がますみの勧めで聖書を読む会に参加し、信仰に心のよりどころを求めていったのもちょうどこのころだった。退職後、生まれ育った川崎に戻って個人経営の書店を開いてからは、教派の集会所の建設にも協力、信者同士のつながりを深めていく。

ちなみに、現実の男児の父親が勤めていたのは大手スーパーのダイエーである。一九七〇年に入社した彼は、ダイエー創業者で当時の社長だった中内切《いさお》の「国民の生活レベルを向上させよう」などのスローガンに共鳴していたという。しかし、高度経済成長が終わり、大量生産・大量消費から、消費の個性化・個別化へという時代の変化に、ダイエーはうまく乗れなかった。消費者の流れは、ダイエーに「より安く」だけを求め、「よい品」はほかの店で買うというふうに変わっていたのだ。だが、現場がそのように報告しても本社は聞き入れず、一方的な割り当てをして強制的に商品を送りこんでくる。当然、商品は一向に回転せず、在庫が増えるばかりだった。これに父親は不満を募らせていく。

そこへ来て一九八〇年、中内は小売業界初の売上高一兆円を達成したのを機に、今度は一九八五年度までに新規事業を含めダイエーのグループ全体で四兆円の総売上を出そうという構想を打ち出す。しかしそれには莫大な設備投資を必要とし、そのしわ寄せは一気にダイエー本体へと及んだ。内部での足の引っ張り合い、首切りが始まるなかで、店次長となっていた父親はそれまでに蓄積した不満を一気に爆発させ、翌八一年には退職を決意したのだった。なお、ダイエーの四兆円構想はその後、一九八三年より連結決算で三期連続の赤字を出したことで頓挫する。中内の呼号する売上至上主義と、徹底した本部中央集権制はここでようやく見直しを迫られたのである。

劇中での「安売りの機械」というセリフは、現実の父親がダイエーで言われ続けてきた「おまえたちは売る機械だ」との言葉がもとになっている。これに彼は何度も「なぜ人間として扱われないのか」と強い反感を持ったという。これがやがて退職の動機となった。

人間は信仰のために死にもする

スーパー勤務時代、家庭をほとんど顧みず仕事に邁進した父親の姿は、高度成長期以後の日本のサラリーマンの最大公約数といえる。サラリーマン生活から自らの意志で離脱し、信仰を心のよりどころとしたのは全体でいえば少数派だろうが、しかし父親が聖書を読む会で知り合ったのは、ごくごく普通の人たちであった。

事件が起きてから、病院側に決意書まで提出して子供への輸血を拒んだ両親に批判が集まった。なかには両親を狂信者的に扱い、センセーショナルに伝える報道もあった。だが、実際には両親、とくに父親には、病院側に輸血拒否の意志を伝えてからもそうとうの葛藤があったことが、『説得』の原作でもドラマでもあきらかにされている。

父親は、息子を助けたい気持ちと、仲間の信者たちを裏切ることで家族の心のよりどころを失いたくないという思いとのあいだで板挟みとなった。病院では何度となく、医師と、集まった仲間の信者とのあいだを往復してそれぞれに相談する。医師たちは当然、輸血を訴えるのに対して、信者たちはあくまで輸血の拒否を主張した。そのなかで父親は、輸血せずに手術できないかと医師たちに懇願する一方で、ほかの病院でそれが可能なところがあるならそこに息子を移すつもりで電話で探し求めたりもした。

医師たちのあいだでも、あくまで両親を説得してから輸血するという意見と、有無を言わさず輸血するという意見とに分かれた。ドラマでもその様子が描かれている。なかでも印象深いのは、小坂一也演じる整形外科部長だ。彼は自身がカトリック信者である立場から、信仰をできるかぎり尊重しながら説得を試みる。

病院に乗りこんできた警官（配役：斎藤晴彦）が「信仰が人間の命より大事なのか！」と叫んだのに対し、小坂演じる部長は「人間は信仰のために死にもすれば、殺しもするんですよ！　いま世界中で、宗教の違いからどれだけの紛争や戦争が起きているか知っているのか！」と言い返す。このあと、男児の容体がいよいよ危なくなり、麻酔担当医（同：斎藤洋介）が輸血を強行しようとしたときにも、「私は、人間がなぜ信仰を必要とするか理解しなければ、説得はできないと言ってるんだ！」と訴え続けた。

この整形外科部長はおそらく、原作で取材に応じた一人で、男児の運ばれた病院の理事長がモデルと思われる。理事長もまたカトリック信者であり、《どんな宗教であっても、僕自身が大事にしてると同じように、他の人達も大事にしてる。だから、相手を、僕はやっぱり尊重したいっていう気持ちがあった》と語り、輸血拒否に対し悩みに悩んだことを打ち明けていた（大泉実成『説得　エホバの証人と輸血拒否事件』講談社文庫、一九九二年）。

男児の最期をめぐる謎

最終的に「子供の意志を確認してから輸血するように」と指示したのもこの理事長だ

った。取材した大泉は、理事長の真意を、自身もカトリック信者として少年時代を送った体験から、男児の宗教的信念に配慮したがゆえ、最後の最後でその意志を確認させたものと思いこんでいたという。だが、理事長に訊ねたところ、そう指示を出したのは、当人から輸血を希望する声を引き出せば、両親を動かせるという期待によるものであったとの言葉が返ってきた。これに大泉は「肩透かしを食ったように感じた」と書いている。

ドラマでもこれを踏まえて、最終的に理事長の指示で、患者の健自身の意志を確認することになる。医師のなかには、昏睡状態で自分の意志を言えるわけがないと疑念を抱く者もいたが、健に呼びかけ、ちょっとでもうなずいたら輸血することにしたのだ。

医師たちは健の顔を叩くなどしながら「手術しよう、な、生きたいだろう!」と必死に呼びかける。そばにいた昇もまた健の名前を叫んだ。しかしもはや手遅れだった。このあと、昇は妻のますみに、健が最後の最後で「生きたい」と言ったと打ち明ける。

「生きたい」と男児が言ったというのは、事件後に父のコメントとしてマスコミで報じられたものだ。本当に男児はそう言ったのか。大泉が病院側に訊ねたところ、現場にいた複数の医師が否定したという。証言によれば、医師らの声には何も反応しなかった男児だが、父親が「お父さんの言うとおりでいいんだな」と耳元でささやくと、うんうんとうなずいたというのだ。となると、男児は父の意志にしたがって輸血を拒んだことになる。もちろん、はっきりとした意識のない状態であり、明確な輸血拒否とまではいえないだろう。だが、この男児のうなずきが結果的に、輸血を強行できなかった最大の理由となったのである。

とはいえ、男児は「生きたい」と言っていたと、父親が新聞記者に伝えたのはまぎれもない事実だ。大泉に対しても父親は次のように語っている。

［引用者注——父親が子供の名前をその耳元で叫んだところ］口元が、かすかに動いた、それが、生きたい、と言ったように、私には見えたんです。でも、後で聞いたら、誰も確認できなかったみたいなんですね。でも、私にはそう見えたので、新聞記者に伝えたんです。

（前掲、『説得』講談社文庫）

ドラマでは事件から一ヵ月半後のシーンで、昇があらためて、息子の健が「生きたい」と口にしたように見えたと、事件当日の当直医（配役：小日向文世）を相手に語っている。しかし、もし健がそう言ったとするなら、どういう意味でだったのか。医師がそう訊ねると、昇はこう答えるのだった。

さあ……ふつう、五年生の子が生きたいかと聞かれたら、生きたいと答えるんじゃ……それ以上の意味は……。（前掲、『テレビドラマ代表作選集 1994年版』）

この答えは、大泉が最後に父親と会ったときに聞いた《ふつう、小学校五年ぐらいの子供が、死の瀬戸際に立って、生きたいか、と聞かれたら、生きたい、と答えると思うんですよね。それ以上の意味はないと思うんです》という言葉をほぼそのまま採用している。ここから大泉は《彼は、父として一〇歳の息子を見たのだ。エホバの証人であろうとなかろうと、大［引用者注――息子の名前］は彼の息子以外の何ものでもなかった》と、事件を追いかける動機となった当初の疑問にひとつの解答を得たのだった（前掲、『説得』講談社文庫）。

「生きたいかと聞かれたら、生きたいと答えるだろう」という父親の言葉は、息子を救えなかった自責の念ともとれる。それだけに、ドラマのラストで、昇がすでにいない息子を相手にうれしそうにサッカーのゴールキーパーを演じる様子はせつなく感じられる。

なお、事件から三年後の一九八八年、神奈川県警と高津署は、医学鑑定の結果、男児は輸血をしても命は助からなかったものとして、両親や医師の刑事責任は問わず、事故を起こしたダンプカーの運転手だけを業務上過失致死容疑で書類送検する判断を下した。この間、男児を受け入れた病院が、今後は輸血が必要とあれば、医師の判断で強行すると決定したほか、各病院がそれぞれガイドラインをつくって対応するようになる。

しかし統括的なガイドラインの素案は、二〇〇八年まで待たねばならなかった。医療関連学会五つからなる合同委員会のまとめた素案では、亡くなった男児のように義務教育を終えていない一五歳未満の患者に対しては、医療上の必要があれば本人の意思にかかわらず、また信者である親が拒否しても輸血を行うと定められた（大泉実成『説得　エホバの証人と輸血拒否事件』草思社文庫、二〇一六年）。

自らの意志で手術を拒否したたけし

ところで、エホバの証人の信者が輸血拒否したのとは事情は異なるが、たけしもまた、自らの意志をもって手術そのものを拒否したことがあった。それは『説得』が放送された翌年、一九九四年八月にミニバイク事故で瀕死の重傷を負ったときのことだ。

八月二日未明、新宿区内の都道でバイクを運転していたたけしは、右カーブを曲がり切れず、道路左脇のガードレールに接触転倒し、同区の東京医科大学病院に運びこまれる。右側頭部頭蓋骨陥没骨折、脳挫傷、右頬骨複雑骨折の重傷であったが、懸命の治療により九死に一生を得た。入院は二ヵ月近くにおよび、九月二七日に退院する。なお事故は酒気帯び運転で起こったことからたけしは道路交通法違反で書類送検され、起訴猶予となっている。

一命をとりとめたたけしは、治療を続ける過程で主治医から、複雑骨折した頬骨などを治すため顔面の整形手術の必要性を説明される。当初は手術を拒もうとしたものの、状況としては拒否のしようがなかった。

整形手術を受けたのち、今度は顔面麻痺などの治療として、その原因と思われる神経の断裂を確認するための手術の承諾を求められる。だが、一通り説明を聞いたたけしは、きっぱりとこれを断っている。翌日、所属事務所（オフィス北野）の社長が医師からあらためて話を聞いて手術するよう説得したものの、気持ちは変わらなかった。

手術を拒否した理由をたけしは手記のなかで、《緻密な論理とか推論ではなく、動物的な勘だった》《確たる根拠などなかった。ただ、これまでの芸人生活で、大きな岐路にさしかかったとき、オレは自分の勘を頼りにやってきた、という事実だけがあった。その勘働きで生き残ってきた》というふうに説明している（ビートたけし『顔面麻痺』幻冬舎文庫、一九九七年）。また、べつのところではこんなことも語っていた。

医者と対決するんじゃないけれど、どこかの部分で自分を出しておかないと、誰でもない単に生かされているだけの人間になってしまう。そのぐらいだったら、死んだ方がいいってこともある。医者と自分、それから生死の問題。この三つを三角関係でうまくバランスを取って対応しないと、何のために生きているのかわからなくなるよ。

（ビートたけし『たけしの死ぬための生き方』新潮文庫、一九九七年）

論理でも、ましてや信仰でもなく、たけしは「いままで自分の勘を頼りにやってきた」という体験から、医師の勧めを拒否したのだった。そうすることで彼はアイデンテイティを守ったともいえる。

答えは自分で出せ

もっとも、入院中にたけしは、生きる目的をどういうふうに考えればいいのかと、釈迦やキリストの言葉をじっくり読んでみたいとも語っていた。そのために手塚治虫のマンガ『ブッダ』を読むなどしている。だが、そこでわかったのは、仏教にかぎらず、あらゆる宗教は「人間はなぜこの世に生まれて死んでいくのか?」ということについて、本質的には何も言っていないし、どういうことをしろとも言っていないということだった（前掲、『顔面麻痺』）。

そんなたけしも、事故直後、意識が戻ってきたときには、自分の頭がどうにかなって、神様でも降りて来て、おまえはこういう存在であるとか、人生とはこういうものだとか、耳元でささやいてほしいと期待したこともあったという。しかしついに神も悪魔も現れなかった。これには正直、困ったという。

顔はぐしゃぐしゃにしたけど、脳だけは損なわないようにしてくれた。どうも神様が、「たけしよ、自分で答えを出せ。そのために脳は残したんだぞ」と言ってるような気がした。「一所懸命考えろ」って。だから、とんでもない難しい宿題を出されたようで困ったんだ。

（前掲、『たけしの死ぬための生き方』）

考えてみれば、この「とんでもない難しい宿題」を出した神とは、たけしが事故以前からことあるごとに語っていた「自分を客観的に見るもう一人の自分」ではなかったか。少年時代よりすでに、ペンキ屋だった父親の仕事を嫌々ながら手伝っているとき、「あ、たけしだ」などと言われると、彼の心のなかには「これは本当のおいらじゃないんだ」と思っているもう一人の自分がいたという（『アサヒ芸能』一九九三年五月六・一三日号）。以来、たけしはそのもう一人の自分に支えられ、ときには突き放されながら、人生の岐路に立つたびに選択してきたのだ。そうした生き方を思えば、『説得』でたけしが演じたエホバの証人の信者は彼からもっとも遠い役柄であったともいえる。

『説得』の父親は、宗教を超えたところで息子の存在のかけがえのなさに気づいた。だが、事件後、一般の人なら悲しみに打ちひしがれるであろうところを、家族で頑張って来られたのは、息子が復活することを信じているからだとも、同書のなかで語っている。けっきょく信仰が彼ら家族の心のよりどころであることは、事件後も変わりなかったのである。

これに対してたけしは、事故に遭ってから、宗教を超えたところで人間の生き死ににについて考えようとする。もっとも、それは事故以前のたけしとほとんど変わりない態度だったともいえる。実際、彼は事故から復帰後、事故の体験を何か特別なものとして語りたくはないと、次のように明言していた。

これからテレビとかに復帰する時に、ワイドショーとかいろんなことするんだけど、下手すると、一回死にかけた男とか、帰ってきた男の意見みたいなことを言われたらかなわねえなと思ってるんだ。（中略）「たけしさんは、一回ひどい事故で死にかけたんですけど、そこからどんな意見がありますか？」なんて言われたら、なにもないよ（笑）。ただバイクで倒れたただけっていう、それだけの問題であってね。こっちはいろいろ考えるけども、それを前面に出して生きていきたかない、ぜんぜん。

（中沢新一との対談「生と死の境で」、『大真実　これからを生きるための43章』、『新潮』一九九五年四月臨時増刊）

このとき彼は、入院しているあいだ自分が重病人となったコントなどを考えていたと冗談めかして打ち明けてもいた。一時は死の淵に立たされながら、それすらも笑いに変えてしまおうという態度は芸人ならではだ。しかし、芸人なら誰しもそれをできるわけでもないだろう。自分を突き放し、ときには笑い飛ばしてしまうことこそ、たけしのたけしたるゆえんであり、かつて若者たちから教祖と崇められたカリスマ性の本質ともいえるのではないか。

オウム報道の始まり

さて、宗教と現代社会について考えるうえで、オウム真理教事件はどうしても避けられない。一般にオウム事件というと、教祖の麻原彰晃（本名・松本智津夫）以下、幹部などの逮捕につながった一九九五年の地下鉄サリン事件を思い出す向きが多いだろう。だが、オウム真理教はこれ以前からたびたび事件を引き起こし、多くの死傷者を出してきた。

同教団は一九八四年に「オウム神仙の会」として発足し、八七年にオウム真理教と改称した。八八年には富士山総本部道場を開設し、以後、在家信者とともに出家修行者を急速に増やしていく。宗教法人として東京都に認証されたのは、八九年八月だった。

マスコミにあってオウム問題を初めて本格的にとりあげたのは、イエスの方舟事件では千石剛賢らの擁護に回った『サンデー毎日』である。同誌は一九八九年一〇月一五日号から一一月二六日号まで七回にわたりオウム真理教を告発する特集を組んだ。そこではイエスの方舟のときの教訓を踏まえ、教団と家族、当事者双方の言い分を慎重に聞き、両論併記の方針を貫いたうえで、《それでも未熟な若者を「洗脳」して惑わし、家族と引き離し、非人間的な暮らしをさせることは問題であると告発》された（平野直子「オウム真理教と雑誌報道」、宗教情報リサーチセンター編『情報時代のオウム真理教』春秋社、二〇一一年所収）。

このあと一一月には、「オウム真理教被害者の会」（現・オウム真理教家族の会）の顧問弁護士だった坂本堤が家族とともに失踪したことがあきらかになり、『サンデー毎日』は教団との関係から失踪事件を報じた（坂本弁護士一家は後年、教団により殺害されていたことが判明する)。坂本弁護士一家失踪事件については『週刊文春』や『フォーカス』も丹念な取材により、かなり事件の真相に迫っている。

一方でテレビのワイドショー報道は、当初こそ雑誌メディア同様、疑惑追及のトーンが色濃かったものの、《麻原らオウム関係者がテレビに登場するようになると、対立する当事者にそれぞれ主張を展開させ、番組としては中立・公平・客観の立場にたっているというスタンスが強調されてくるようになる》(小島伸之「テレビが報じたオウム真理教」、前掲書所収)。こうした変化には、オウム側が出演や発言の機会を強く求めたという側面があるという。さらにオウムは、この時期のワイドショーで司会者やコメンテーターが「信教の自由」「自己決定」「個人の尊重」などの価値観を前提に、「違法でないことは一概に批判できない」とのスタンスをとったのを逆手にとり、犯罪を隠蔽し批判を封じることを学んでしまったとの指摘もある(前掲、「テレビが報じたオウム真理教」)。

麻原彰晃との対談

一九九一年になると、オウムが疑惑の対象というより、むしろ時代を代表する新宗教として雑誌やテレビであいついでとりあげられた。

雑誌でいえば、総合月刊誌やオピニオン誌だけでなく、男性誌やライフスタイル誌にまでおよんだ。そのなかには麻原が作家の荒俣宏、宗教学者の中沢新一、ジャーナリストの田原総一朗といった文化人や知識人と対談した記事も含まれる。この流れから翌年にはビートたけしとの対談も組まれた（『バート』一九九二年六月二二日号）。

対談でたけしは麻原について《宗教からいちばん遠い人のような気もする》《数学でいえば、普通の人が0からはじめるところを、マイナス10からプラス10に向かって突進しているような。でも、その遠いところから努力してきたからこそ、凄い力を使えるような気もするんですよね》と評した。これに麻原は《たしかに、私はもともと反宗教的というか、さまざまな現象に対してその真理を確かめながら生きていくタイプですから》と首肯しつつ、《でも逆に、マイナス10の苦しみを知っているから、今そこにいる人たちに対して、早くそこから脱してほしいという気持ちになるんだと思います》と語っている（前掲）。

たけしは麻原とこれが初対面ではなく、すでに前年の九一年には討論バラエティ番組『ビートたけしのTVタックル』（テレビ朝日、一二月三〇日）で共演していた。同年のテレビへの麻原の出演はこのほか、深夜の討論番組『朝まで生テレビ！』で「若者と宗教」

をテーマとした回（テレビ朝日、九月二八日）や、いまとなっては信じがたいことだが、バラエティ番組の『とんねるずの生でダラダラいかせて!!』（日本テレビ、一〇月三〇日）にまでおよんだ。このうち『朝生』での麻原の言動に、「筋が通っている」といった感想を抱いた者は、知識人にも少なくなかった。当時中学生だった著者も恥ずかしながら、このとき番組を見ていて、教祖を生番組に出して主張させるオウムにちょっと感心したのを思い出す。いまとなってはオウムのメディア戦略にまんまと乗せられていたというしかない。

たけしによる前出の小説『教祖誕生』のなかで、テレビの報道番組が教団に取材を依頼してきたとき、教祖の和夫をはじめ多くの教団職員が喜んで応じようとしたのに対し、幹部の司馬は強硬に反対する。司馬の言い分は《宗教家も学者も一度テレビに出てしまえば、たんなるテレビタレントの仲間になる。しかも、テレビのプロには勝てるはずがない。（中略）教祖は、人前に出なければ出ないほど価値がある。神に一番近い人間たる教祖が、俗の俗でしかないテレビなんぞに出ていく意味がどこにある》というものだった（前掲、『教祖誕生』）。

しかし麻原は、たけしが小説の作中人物に語らせた言葉をやすやすと覆し、プロのタレントを納得させるほど、テレビや雑誌に出ることでその存在感を示し、教団に対する好印象さえ世間に与えてしまったのである。

地下鉄サリン事件のあと、オウム真理教が摘発されるなかで、たけしはかつて麻原と対談したことについてこのように弁解した。

オイラはオウム真理教とはなんのかかわりもないんだからね。そりゃオウム真理教の麻原彰晃とはテレビや雑誌の対談で何度か話したことはあるけど、その程度の関係なんでね。正直いってこんどのオウム真理教のことにはただただ驚かされてるだけなんだから。

まァ、麻原と話したときにわかったのは、オウム真理教ってのが原始宗教を基本理念にしてて、初期の仏教としててとてもわかりやすかったのと、新しい宗教集団のなかではいちばん真面目に宗教と取り組んでいるように見えたから、オイラもちょっとは彼らのことを認めてたんだけどさ。

そしたら警察が入って捜査してみたらあんなにたくさんの化学物質は出てくるし、喧喧囂囂《けんけんごうごう》こんな騒動になるとは思ってもみなかったものな。

（北野武『ビートたけしの世紀末毒談3』小学館、一九九六年）

宗教について多少なりとも学び、ましてメディアの仕掛けについて熟知していたはずのたけしからして、麻原のもくろみを見抜けなかったということに、あらためてオウム真理教の恐ろしさを思い知らされる。

死から目をそむけたオウム

麻原の最終目標は、「ハルマゲドン（最終戦争）」のあと壊滅した世界で救世主として君臨することであったといわれる。それがあきらかになったとき、たけしはこのように批判した。

ハルマゲドンがくるからどうの、自分たちは生き残ろうって話も、宗教的にいったら生きてることがそれほど意味のあることなのかさ。オイラなんて宗教ってのは死ぬためにあると思ってるからさ。死に対する心構えをいつも自分のなかに持つことが宗教なんじゃねェかってね。

（前掲書）

麻原が説法において好んで繰り返したという「人は死ぬ、必ず死ぬ、絶対死ぬ、死は避けられない」との口癖などは、真実は真実として包み隠さず、あけすけに言ってしまうことを好むたけしと表面上はよく似ている。

だが、オウムはそのような文句で多くの信者を獲得しながら、実態はどうであったか。これについては、《結局は、死にまつわる数々の幻想を弄《もてあそ》ぶことに終始し、人の死をどのようにして弔うかという、古くかつ新しい問いに対して、適切な回答を見つけることはできなかった》との指摘がある（大田俊寛『オウム真理教の精神史 ロマン主義・全体主義・原理主義』春秋社、二〇一一年。傍点原文ママ）。

そもそも一九八八年に在家信者の一人が教団の道場で修行中に急死したときからして、麻原は弔う方法を見出せずに、信者の遺体をやむなく秘密裡に遺棄して死そのものを隠蔽している。以後、彼は現実から目をそむけ、自分こそは全能者であり、日本の主権者にならねばならないという妄想的世界観を肥大化させ、それを妨げる人間はすべて抹殺しなければならないとの考えのもと、数々のテロ事件を引き起こすことになったのだった。

結局わかりませんでした

人々には「死は避けられない」と説いていたにもかかわらず、自らは教団内で起こった死亡事件以来、死と正面から向き合うことを避け続けた麻原彰晃。たけしの言うとおり「死に対する心構えをいつも自分のなかにもつのが宗教」だとすれば、麻原は宗教家失格というしかない。むしろバイク事故により死と向き合わざるをえなかったたけしのほうが、事故後の言動からしてもよほど宗教家らしく見えてしまう。

バイク事故から生還したたけしはもともと好きだった科学にますますのめりこんでいった。本来ならこうした体験のあとは宗教に傾倒しそうなものだが、先述のとおり手塚治虫の『ブッダ』などを病床で読むうち、あらゆる宗教はけっきょく人間の生き死ににについて本質的なことは何も言っていないことに気づいた。科学に行ったのはそういう理由もあるのだろう。しかし《科学的なものをやればやるほど、やたらと神ってのが出てく》ることに気づいたとも語っている（前掲、『異形』）。

麻原彰晃もまた、説法のなかでよく、科学と宗教が究極的に結びついているかのような物言いをした。だが、そこには飛躍も多く、ちゃんとした科学知識を持っていればすぐに論理としては成り立っていないとわかるはずだった。それにもかかわらずオウムは若い科学者の卵をも取りこみ、彼らは教団幹部としてサリン製造などに携わっている。これは一体どういうわけか？　この疑問に対し宗教学者の井上順孝《のぶたか》は、彼らが《科学は仮説の積み重ねを歩んでいるという事実を読みそこなった可能性がある》と指摘する（井上順孝「科学を装う教え——自然科学の用語に惑わされないために」、宗教情報リサーチセンター編『〈オウム真理教〉を検証する——そのウチとソトの境界線』春秋社、二〇一五年所収）。麻原の話の飛躍に魅せられるがあまり、自然科学という学問の本分を見失い、思考を停止してしまったということだろう。

科学に対してもたけしは麻原やオウム信者とは異なり、あくまで真摯な態度を示している。そのことは、『バート』での科学者との連載対談をまとめ、一九九六年に刊行した本に『ザ・知的漫才　ビートたけしの結局わかりませんでした』（集英社）というタイトルをつけたことからもあきらかだ。その理由について彼はのちにこう語った。

> まあ、科学ってそういうことだよなっていう。うん。まあ、みんな、わからねえからやってんだ、研究って。わかんないからやってるんだけど……延々続くんだ

よね。一つわかると次のことがまた。階段踏んでんだけど、この階段は果てしなく行く階段なんだよね。（中略）

で、「結局わかりませんでした」って世界観ってのは、あらゆる状況とか、あらゆる世界に通じることであって。何一つ、絶対売れる音楽っていう理論もないし。自分がなぜこうなったのかも理屈づけないし。結局何もわかりません、ていう（笑）。ただ生きてるだけだっていう。明日なにがあるのかもわかんないし。だから結局なんにもわかんねえなあと思う、うん。（前掲、『異形』）

「結局わかりませんでした」とは、わからないからこそ思考停止せず、考え続けなければならないという決意表明ともとれる。フライデー事件後の謹慎中に、「考える持続力を持たねばならない」と悟り、中学校の学習内容をやり直してみた彼は、事故後もまた、先に引用したとおり神から「自分で答えを出せ。そのために脳は残したんだぞ」と言われたような気がしたこともあり、考え抜くことで危機から脱出しようとしていた。

療養から復帰後、たけしはテレビでも『たけしの万物創世記』（テレビ朝日、一九九五〜二〇〇一年）や『たけしのコマネチ大学数学科』（フジテレビ、二〇〇六〜一三年。〇八年より

『たけしのコマ大数学科』と改題）など、自然科学・技術や数学をテーマとする番組を企画し、好評を博した。先行する『平成教育委員会』を含め教育系の番組が増えたことに、たけしは《自分の将来の〔引用者注――映画〕作品を、理解できるような客は作りたいと思ってるとこあったね。うん。バカばっかしじゃヤだ！って。少しはわかってくれねえかなあっていう。じゃあもう、最低限のルールぐらい教えようかっていう》とも説明している（北野武『光』ロッキング・オン、二〇〇五年）。

しかし多くの視聴者はこれらの番組を楽しみながら、たけしのように「考える持続力」の必要性にまで気づいたのかどうか。オウム真理教事件から二〇年以上が経った現在にいたっても、疑似科学と呼ばれるさまざまなものが跋扈《ばっこ》する状況を見ると、どうにも疑わずにはいられない。

終章　戦後ニッポンに内在する二面性と欺瞞

病床で口にしたある人物の名前

一九九四年にバイク事故を起こしたたけしは、顔面の手術を受けて一週間後（八月二四日）、病床でスタッフとの会話のなかでこんなことを口にした。

そう、中上健次さんの誕生日がオレの事故の日だったの。今のオレの年齢で中上さんは死んだのか。（しばし、無言）（ビートたけし『顔面麻痺』幻冬舎文庫、一九九七年）

小説家の中上健次は、その二年前の八月一二日に四六歳で亡くなっている（なお、たけしが「今のオレの年齢で」と言っているのは勘違いで、事故当時、彼は四七歳になっていた）。中上は一九四六年八月二日生まれで、翌年一月生まれのたけしとは同学年ということになる。

入院中にはまた、こんなエピソードが残る。右目にはまだ麻痺が残るものの、左目で新聞が読めるようになったたけしへ、差出人に「中上健次」と書かれた妙な手紙が届けられる。そこには、中上が生前書いたオートバイについてのエッセイからの引用とともに、《武が事故ったのがオレの誕生日の明け方だったから、オマエはオレの生まれ変わりとしてもこれから生きていける》といった文章がつづられていた。結局それは、付き添っていた弟子の負古太郎《まけふるたろう》による「楽しい悪戯」であったことがすぐに判明する（ビートたけし「ある手紙」、『中上健次全集3 月報1』集英社、一九九五年所収）。

たけしはこの偽の手紙で引用されていた、中上がオートバイに乗って風を切りながら「前へ前へと走る」という一文から、彼我の生き方の違いに思いいたる。

七十年代に入ってまもなく、オレは小ずるいから浅草へ逃げ込み、さらに浅草からも逃げて漫才とタレント業にずれていった。それに比べ、中上さんはずっと新宿で一途に文学と取り組み続けた。大作家たちが作る文学の本道に飛び込んでいった。（中略）事故から六か月経ち、顔面麻痺がだいぶんよくなってきてしみじみ思うけれど、バカは死ななきゃ治らない。映画にしろ何にしろ、いい加減なものしかやれないだろう。前へではなく、横へ横へと悪あがきしていくしかないようだ。（前掲）

たけしは生前の中上とどれぐらい親しくつきあっていたのか。仕事上の絡みにかぎれば、私が確認できたのは、雑誌の対談で何度か顔を合わせていることと、たけしの書いた小説『教祖誕生』を中上が絶賛した書評(「超小説を読む　ビートたけし著『教祖誕生』」、『文學界』一九九一年五月号)ぐらいだった。それが入院中に、いささか唐突に中上を思い出したというのは興味深い。たけしには、後述するような中上との「すれ違い」を知って以来、彼のことを常にどこかで意識しているところがあったようだ。

本書ではここまでビートたけしが映像作品で演じてきた戦後の事件当事者を振り返ってきたが、終章ではまず中上健次を補助線に、これら作品とたけしについて総括してみたい。

新宿で二人はすれ違ったのか?

両者には一九六〇年代末に二つの場所ですれ違っていたという伝説がある。一つは新宿のジャズ喫茶だ。「ビレッジ・バンガード」というその店でたけしはボーイのバイトをしていて、中上は常連客だったというのだ。さらにいえばたけしは早番で、遅番で店に出勤していたのは連続射殺魔として全国に指名手配されていた永山則夫だったと伝えられる。

はたしてこの伝説は事実なのか？　これについてはコラムニストの亀和田武がくわしく検証している。亀和田によればビレッジ・バンガードは終夜営業の店で、およそジャズ喫茶と呼ぶには「気が引ける」雰囲気だったらしい。

広い店内で、真剣に音楽を聴いている客は、ほとんどいない。ほぼ全員が始発待ちの連中だ。ユルい店だから、仮眠をとっても文句はいわれない。客が入らない純喫茶を、内装はそのままにして、とりあえずBGMに流行りのジャズを流している、そんな印象の店だった。

（亀和田武『60年代ポップ少年』小学館、二〇一六年）

それだけに、のちに亀和田は、たけし・中上・永山の三人がビレッジ・バンガードに居合わせたという噂が活字になり始めたとき、《エッ、あんなかっこ悪い店に、あの三人は通っていたの！》と驚いたという（前掲書）。

同時期の新宿には「ジャズ・ヴィレッジ」「ヴィレッジ・ゲート」という似た名前のジャズ喫茶もあった。もっとも、これらは有名店で、ビレッジ・バンガードとはまるで雰囲気が違った。とくにジャズ・ヴィレッジ（ジャズヴィレ）はインパクトある個性派の店だったようだ。

亀和田が確認しているとおり、永山則夫がボーイをしていた店はビレッジ・バンガードでほぼ間違いない。一九四九年に北海道網走に生まれた永山は、六歳のとき青森に移り、一九六五年に中学を卒業すると集団就職で上京、渋谷のフルーツパーラー店員をふりだしに職を転々とする。六八年一〇月に神奈川県横須賀市の米軍基地宿舎に侵入して小型ピストルを入手した永山は、このあと一ヵ月足らずのうちに東京・京都・函館・名古屋の各所でガードマンやタクシー運転手ら四人を射殺、広域重要事件一〇八号に指定された。ビレッジ・バンガードには、翌六九年一月から四月に逮捕される直前まで勤めていたという。

中上健次は永山と同じく一九六五年、大学再受験に備えるという名目で東京に出てきた。上京するやすぐ新宿のジャズ喫茶「ＤＩＧ」（経営する中平穂積は、中上の母校・和歌山県立新宮高校の先輩だった）に足を運び、やがて近くにあったジャズヴィレに入り浸るようになったと折に触れて書いている。永山の逮捕後、彼がジャズヴィレとは通りをひとつ隔てた場所にあるビレッジ・バンガードで働いていたことを知り驚いたという。中上は貧しいなか女手ひとつで育てられたことなど、永山則夫とは生い立ちがよく似ていたことから、まかり間違えば自分が永山になっていたかもしれないとショックを受けた。ここからまもなくして「犯罪者永山則夫からの報告」と題する文章を書き上げ、当時参加していた同人誌『文藝首都』に寄稿している（一九六九年八月号）。

では、たけしはどうであったのか。亀和田武は何点か目にした中上のプロフィールでは、中上が通っていたのはジャズヴィレに統一されているのと同様、たけしの場合も、店名をあえて表記するときにはジャズヴィレになっていると書いている。ただ、私が確認したかぎり、たけしがジャズヴィレで働いていたとしているものは見つけられなかった。

代わりに『孤独』（SB文庫、二〇〇八年）ではたけしが、ジャズヴィレと並ぶ有名店であったヴィレッジ・ゲート（同書では「ビレッジゲート」と表記）のカウンターで働いていたと語っている。それは新宿に入り浸っていたころの「最後のほう」だという。同様に、北野武編『コマネチ！――ビートたけし全記録』（新潮文庫、一九九九年）所収の年表「おいらの自分史」の一九六八年の項には《この頃、新宿のジャズ喫茶「ビレッジゲート」でボーイとして働く》との記述が見える。

ただ、たけしにはこれ以前にもべつのジャズ喫茶で働いていた形跡がある。「おいらの自分史」の一九六六年の項には《新宿中央口前の「風月堂」に入りびたり、新宿の喫茶店「びざーる」などでバイト生活を送る》とあり、そのころに知り合ったという友人の証言も一九七一年の項に出てくる。

『ビートたけしのみんなゴミだった。』(飛鳥新社、一九八三年)でも、《ビザールの開店以来のボーイ、オレやってたんだ》と語っていた。ちなみに同書では《ビレッジバンガードには当時、あの永山則夫がいたし、ジャズビレにはよく中上健次がきてたし》とあるが、これらの店でたけし自身が働いていたとは書かれていない。

とはいえ、ビレッジ・バンガードについてたけしは一九八五年の対談でこんなふうに語っていた。

ビレッジバンガードの社長は、いま六本木でペントハウスというスナックをやっているのだけど、「たけちゃん、おれおれ」、「いま何やってんの」「経営者、経営者」。びっくりしたね。そのビレバンは連続射殺事件の永山則夫もボーイをやっていて、おれが早番で、あいつは遅番だったんですよ。

(中上健次ほか『オン・ザ・ボーダー』トレヴィル、一九八六年)

この対談の相手はほかならぬ中上健次であった。右のたけしの発言に対し、中上は《ビレバンは、朝、凄く安かったね。早朝割引は五十円だったかな。当時は親から仕送りを少しもらっていたけれど、あとは女に貢いでもらって……》と返している。たけしはまた店の思い出として、「よくもこんな薄く切ったなというハム」の入ったサンドイッチがあったことをあげていた。このセコさといい、中上の証言する早朝割引の安さといい、亀和田武の記述とは矛盾しないのではないか。

この対談ではまたたけしが「(ヴィレッジ)ゲート」でもバイトしていたことを認めている。一方、中上は《おれはジャズビレばっかり、いちばんひどいところ》とも語っていた。中上がジャズビレを根城にしていたことは、この発言からも裏づけられよう。

たけしも中上も新宿の複数のジャズ喫茶に客として入ったりバイトをしたりしていたことは、ほぼ断定してよいだろう。だが、永山にはビレッジ・バンガード以外の店とのかかわりは見つからない。となると結局、本当にすれ違ったかどうかはともかく、三人が共通して入ったことのある店はビレッジ・バンガード以外にないということになる。永山がいたという事実があまりにセンセーショナルだったため、その店の内実はともかく、話が独り歩きして伝説化したということではないだろうか。

なお、永山はこのあと一九七九年に東京地裁で死刑判決が下される。八一年には控訴審で無期懲役に減刑されるも、検察側が上告、八七年には最高裁で差し戻し審判決が下され、一九九〇年に死刑が確定した。この間、獄中で『無知の涙』（一九七一年）を手始めに手記をあいついで出版、八三年に小説「木橋」で新日本文学賞を受賞して以降は、一連の自伝風小説を発表し続ける。

永山は九〇年の死刑確定前後に、日本文藝家協会に入会申請したものの拒否され、中上健次はこれに反対して柄谷行人と筒井康隆とともに協会を脱退している。永山が刑に処されたのは中上の亡くなった五年後、一九九七年八月一日であった。

二人はなぜ羽田へ働きに行ったのか

たけしと中上がすれ違っていたと伝えられるいまひとつの場所は羽田空港である。これについては前著『タモリと戦後ニッポン』でも少し触れたが、もう少しくわしく見ておきたい。

たけしは大学に行くのをやめて新宿に入り浸っていたころ、仲間の紹介により羽田空港でバイトをしていたことがある。航空貨物を扱う日本航空の系列会社、エアポート・グランドサービス（AGS／現・JALグランドサービス）での荷役の仕事だった。自伝的小説「新宿ブラインドコンサート」（『あのひと』飛鳥新社、一九八五年／新潮文庫、一九九四年所収）ではこの仕事のことが次のように活写されている。

ジュラルミン製のコンテナを運び、貨物の出し入れをする。重労働である。連結されたコンテナが機の傍《そば》に横付けされ、搬入口から伸びたトロッコの斜面を押してあがり、引っ張っておりる。当時はエレベーターなど完備されておらず、こうした人力の仕事が多かった。コンテナ一個の重さは、中身の重量をあわせて半トンほどである。これを五人ほどの男たちが押したり引いたりするのだ。

勤務時間帯はデイ、ナイト1、ナイト2と三交代になっていた。羽田空港の夜間騒音規制もなかった時代。貨物便は夜を徹してひっきりなしに離着陸していた。

（中略）

夜一一時から翌朝七時まで、支給される岩塩を舐《な》めながら、黙々とコンテナを運ぶのだ。コンテナの中身は東南アジアからの動物などが多く、やたら臭い荷だった。終わると、空港内にある日航の寮で仮眠をとる。ベッドだけの仮眠室だが、浴場もあるし、ナイト2の仕事はバイト料もよかった。

肉体的にきつい仕事だけに大学の運動部員ばかりが来ていたとは、エッセイ『愛でもくらえ』（祥伝社黄金文庫、二〇〇一年）での記述である。そして同書には《そこには中上健次さんなんかもいて》とも書かれていた。同様の話はたけしが二〇一二年一〇月一日に『笑っていいとも！』（フジテレビ）に出演したときにも司会のタモリ相手に語っていた。

ただ、前出の対談を読むと、中上健次と一緒に働いていたというのはあとづけであることがわかる。

中上　たけしさんの小説に羽田空港の地上サービスやってるAGSが出てくるけどさ、やけにくわしいんだよね。「ナイト」とか「スモールナイト」とか。ひょっとしたら働いていたことあるんかな。

たけし　働いていましたよ。おれ、有名だったんですよ、ベルトコンベヤーのボタン押しで。

中上　そうか。ぼくは、IAU、全日空系のね。AGSのほうが日航系でペイが高かったんだよ。オアシスって食堂あったろう、夜になるとラーメンライスがでる……。

たけし　おれ、食券ばかりごまかしてましたよ(笑)。仕事はきつかったですね。ガルーダって貨物は猿と鳥を一手にやってる航空会社で、ドアあけると中で鳥が飛びまわってて、羽がぶわーってふきだすんですよ。

中上　ぼくはチーフみたいになってさ、貨物用のベリーのドアをあけるだろう、そして真っ暗闇に入っていくとさ、だれかが腕をバーッとつかむんだよ。よく見るとゴリラ(笑)。当時はヴェトナム戦争だったから、フライングタイガーなんかで「メリークリスマス！　ジョン」なんてお菓子のプレゼントくるだろう。それに手を突っ込んで、半分ぐらい頂いちゃったり……ひどいことやったよ。

(前掲、『オン・ザ・ボーダー』)

中上が「たけしさんの小説に……」と言っているのは、先に引用した「新宿ブラインドコンサート」での場面のことだ。ともあれ、ここで中上が「ひょっとしたら働いていたことあるんかな」と発言している以上、羽田にいたころには両者に面識はなかったと考えるべきだろう。そもそも働いていた会社も、たけしが日航系、中上が全日空系と違っていたのだから。

時期的にもおそらくずれている。たけしの場合、大学に行かなくなり新宿に入り浸っていたころだから一九六〇年代末と推測されるのに対し、中上の場合は一九七〇年八月以降と時期がはっきりわかっている。髙山文彦による評伝『エレクトラ 中上健次の生涯』（文春文庫、二〇一〇年）によると、先述のとおり全日空系のＩＡＵ（国際空港事業）という会社にバイトではなく正社員として入社した中上は、羽田空港でまず飛行機の機体の水洗いをする仕事を手がけ、その一年後には《フライングタイガーというアメリカ資本の貨物専用航空会社の下請けにまわされ、外国から運ばれてくる貨物の積み下ろし作業にたずさわるようになった》という。

ただ、羽田で働き始めたきっかけという点に着目すれば、たけしと中上がかなり似通っているのもまた事実だ。

たけしの場合、前掲『愛でもくらえ』によれば、羽田で仕事を始めたのは、母に金を返すためだった。これというのも、実家を出て借りていたアパートの家賃を半年ほど滞納していたところ、それを察した母が代わりに払っていったと大家から知らされたからである。第一章で記したとおり、たけしは母親の強い影響のもと育った。そこから逃げるつもりで家出してアパートも借りたのに、けっきょく母親にまたつかまってしまう。ようするに彼は母の呪縛から逃れるためにも羽田で働く必要があったのだ。

一方、中上もまた母から強い影響を受けて育っている。上京してからも、母の再婚相手である継父の土建業が好調で月五、六万円という当時の平均学生の三倍近い仕送りをもらっていた。実家には大学に入ったとウソをつきながら、新宿で仲間たちと酒を飲んだり遊んだりという生活を続けられたのもそのおかげである。だがそれも一九七〇年に交際していた女性（作家の紀《き》和鏡《わきょう》）が妊娠したのを機に結婚すると、ちゃんとした職に就く必要が出てきた。そこで選んだのが空港での仕事だったというわけだ。親に頼らず自立するために羽田で働き始めたという意味では、中上もたけしと同じであった。

対立の無化

それにしても、たけしが新宿に入り浸っていたころを振り返る際に、実際にはそのころ面識はなかったにもかかわらず中上健次の名前をあげたのはなぜだろうか。それはまず、たとえ会っていなくとも、同じ時代に同じ場所で同じような空気を吸っていたという強い共感に由来するのではないか。

例の対談でも初対面であったはずにもかかわらず、中上の《羽田から新宿とか、みんな同じように流れていたんだね、ドドッと》という発言に対し、たけしが《おれが羽田で働いたのは、新宿にいた慶応のやつが見つけてきたんだけど、中上さんとは、新宿でも絶対会っていると思うんですよ。ボーイをやっているころに》と返したり、《中上さんと話してみると、お互いに顔は知らなかったけれど、昔の立ち回り先、ほとんど一致しているんですよね》と語ったりと意気投合している（前掲、『オン・ザ・ボーダー』）。

しかし、たけしの中上への共感はそれだけではないように思われる。高度経済成長を経たあとの日本社会に常に違和感や苛立ちを抱いていたという点でも、二人は共鳴する部分があったような気がするのだ。

「日本はことごとく対立を無化する」というのが中上健次の持論であった。日本文学についても以下のような意見を述べている。

いまの日本の文学が弱いなと思うのは、きちっとした文化アカデミーみたいなものがないことですね。これが典型的な日本語の文章ですというのが打ち立てられない。言葉はどんどん崩れていくし、崩しちゃえという若者文化が先行しますしね。アメリカなんかだと、たとえばドナルド・バーセルミという人が出てきた背景には、まずアメリカ型の小説のかっちりしたスタイルがあって、それに対して、ばらばらにしちゃえという衝動が出てき得たんですよね。（中略）そういう幸せな対立関係がないから、困っちゃうんじゃないかと思いますね。

（筑紫哲也ほか『若者たちの神々Ⅳ』新潮文庫、一九八八年）

中上に言わせれば、日本には確固たる基準や権威がないがゆえに、そこに反抗する者も現れず、対立関係も生まれないというわけである。

きちんと対立しないことには前に進まないという考え方はたけしにも見出せる。たとえば、一九九〇年の対談では中上とこんなやりとりを交わしている。

たけし　おれの仕事関係者に、金さんとか韓国の人いっぱいいるけれども、外国の人とはケンカできないとだめなの。お互いに考え方が違うときには、殴り合ったっていいわけだから。差別しないということは、気にいらなきゃぶっ飛ばすとか、ばかやろう、このやろうとか、そういうことを言えることだからね。それができないと、薄い膜が張っているみたいで、気持ち悪いもんだよ。

中上　まさにそう。だから人間には、攻撃距離というのがある。それは愛情距離でもあって、動物にはみんなあるんだよね。（中略）

風呂だとか、狭いところの飲み屋とかいうのは楽しいよね。これは、セックスでもない、ケンカでもない。ただ、攻撃距離の中に入っているんだけれども、攻撃本能を止められている段階。これ以上接近すると、これはセックスだよね。接近というのは愛し合うというのと、あとはケンカだよね。だから、たけしさんが言うように、殴り合う距離じゃなくちゃ、何も始まらない。人間の攻撃距離の中に入り込んでこないとね。

（『月刊Ａｓａｈｉ』一九九〇年六月号）

このやりとりは第二章で引用した「けんかができないうちは差別はなくならない」というたけしの言葉にも通じよう。つきあうなら、けんかしたりぶつかったり、きちんと対立しないことには始まらない。だが、日本人は往々にして対立を避けたがる——。それが両者の共通認識であった。

日本人に見出した「諦観の念」

もっとも、中上は対立を避けたがる民族性を必ずしも全否定しているわけではない。べつのところでは、日本の庶民は二つの大きな教訓を世界に与えうると示唆し、そのひとつに、何もかもが一瞬の地震に飲みこまれてしまうことを知るがゆえの「刹那の感覚」を、もうひとつに、外国から伝わったものを消化し尽くしてしまう「同化の力」をあげていた。日本の庶民が、独裁主義に直接抵抗する西欧的態度とは異なり、対立を避けがちなのも、《あらゆるものを、はかないという刹那感と、同化と寛容という能力の中に丸め込む能力をもっている》からだと中上は説明する（ギ・ソルマン『二十世紀を動かした思想家たち』秋山康男訳、新潮選書、一九九〇年）。

たけしもまた、似たような考え方をしている。たとえば二〇世紀の日本を振り返った本で、もし第二次世界大戦後に日本がドイツや朝鮮半島のように分断されていたのならどうなっていたか、彼は次のように想像してみせる。

日本人は勤勉だから、案外、豊かな共産主義国という奇妙な国を作りあげちゃったかもしれない。アメリカや西ドイツあたりから車を輸入したら、それを真似たいい車を作るだろうし。

ただ、東と西が厳しく対立して、角突《つの》き合わせるってことだけはなかったんじゃないかな。諦めやすいもの、日本人は。東と西に分かれたら分かれたで、しょうがないって言ってただろうね。

（ビートたけし『たけしの20世紀日本史』新潮文庫、一九九八年）

たけしが日本人に見出した諦観の念もまた、中上のいう「あらゆるものを丸め込む能力」の一種ではないか。そもそも戦争でさえ多くの人にとってはまるで天災のように受けとめられているふしがある。そんな日本人の姿勢を、たけしはこう皮肉ってもいる。

戦争責任を厳しく追及することもないし、特攻隊に送られた家族がその当時の軍の上層部の奴に復讐したという話も聞かない。「お国のため」なら自分の子供だって差し出してしまう。東と西に分けられても、お国のためならって、すんなり受け入れていたんじゃないかな。日本人ほど寛容な民族はないって気がするね。（前掲書）

戦後日本の二面性と欺瞞

現実の戦後日本は東西に分断されなかったからこそよけいに、対立が無化されたといえるかもしれない。それでも一九六〇年の日米安全保障条約の改定、いわゆる六〇年安保をめぐって国論を二分する議論が起こり、激しい反対デモも繰り広げられた。たけしに言わせると、六〇年安保こそ《戦後日本の進路を決めた、すべてのスタートだったって気がする》という（前掲書）。

ようするに、政治と経済という国の車の両輪が、あそこから二股に分かれていったんじゃないか。

安保反対だ、と政治闘争が繰り広げられていた一方では、池田勇人が通産大臣になって高度経済成長を目指していた。

政治と経済が二股に分かれて、おたがい勝手に進行していって三十年以上たち、ついに股裂き状態になった。それでばったり倒れたら、そこにオウムがいたという感じがするんだよ。（前掲書）

岸信介内閣の通産相だった池田勇人は、六〇年安保闘争が沈静化したあと、退陣した岸に代わり首相となって所得倍増計画を打ち出す。これ以降の自民党政権は党是であった憲法改正を棚上げして、軽武装・経済重視の傾向を強めていく。

改定された日米安保条約は、発効から一〇年後の一九七〇年、両国のいずれかの通告により終了が可能となったが、当時の佐藤栄作内閣は、国会の審議を経ない自動延長により条約の継続を図った。それもあって、いわゆる七〇年安保は国民的な反対運動にまでは発展しなかった。一九七〇年はむしろ日本経済の急成長を世界にアピールした大阪万博の年として記憶される。

外交も一九七二年の沖縄返還と日中国交正常化により、大きな意味での戦後処理がほぼ終わってからは、貿易摩擦やエネルギー資源獲得などもっぱら経済問題が主な課題となっていった。

こうして見ると、二股に分かれた政治と経済は、六〇年安保後の約三〇年のあいだ、経済が政治をリードする形で進んできたといえる。だが九〇年代初めにバブルが崩壊すると、日本経済は凋落の一途をたどった。そこへ来て一九九五年に明るみに出たオウム真理教の犯罪は、危機管理などいままで政治があまり真剣に取り組んでこなかった問題を日本人に突きつけることになる。たけしの言う「股裂き状態になってばったり倒れたら、そこにオウムがいた」とは、そういう状況を指しているのだろう。オウム事件当時の政権が、いわゆる五五年体制下で対立関係にあった自民党と社会党に新党さきがけを加えた連立政権だったというのも、なかなか示唆的である。

六〇年安保のあと、高度成長からバブル崩壊にかけての政治と経済の関係は必ずしも同等ではなかった。六〇年安保とともに完成を見たとされる五五年体制も同様に、政権交代可能な二大政党制ではなく、政権を担う自民党と、最大野党でありながら政権奪取を明確には打ち出さない社会党と、保守と革新の不均衡な関係で成り立っていた。

「政治と経済」、「自民党と社会党」、あるいは「憲法九条と日米安保体制」と、戦後日本は矛盾をもはらんだいくつかの二面性によって特徴づけられよう。だがこれらは対立するというよりは、むしろ安定した体制を維持するために、いびつな形で共存してきたともいえるかもしれない。そうした状況では予定調和で事が運ばれていく。

たけしは漫才コンビ・ツービート時代に、『水戸黄門』の印籠や、青春ドラマで若者たちが夕陽に向かって走っていくシーンなど、テレビのいわゆる「お約束」をさんざんこきおろした。こういった「お約束」は、予定調和という点で同時代の政治や社会の状況と変わりない。その裏にある欺瞞やまやかしをこそ、たけしは嫌ったのだろう。

ところで『たけしの20世紀日本史』で彼は、一九七〇年で印象が強かったのは、万博よりも三島由紀夫の自殺だったと語っている。

この年一一月、三島は私設軍隊「楯の会」のメンバーとともに陸上自衛隊市ヶ谷駐屯地に乱入し、自衛隊員らを前に憲法と安保体制の欺瞞を突き、クーデター決起を訴える演説を行った。その際、ばら撒かれた檄文には《戦後の日本が、経済的繁栄にうつつを抜かし、国の大本を忘れ、国民精神を失い、本を正さずして末に走り、その場しのぎと偽善に陥り、自ら魂の空白状態へ落ち込んでゆくのを見た》との一文が見られる。これなど、先述の「政治と経済が二股に分かれて、おたがい勝手に進行して股裂き状態になった」というたけしの物言いと通じるものがある。

三島が自衛隊の決起に失敗したのち自決したとのニュースをタクシーのなかで聞いたというたけしは、三島の最期の演説を《今、聞いてみてもなかなかいいことを言ってる》と振り返ったが（前掲、『たけしの20世紀日本史』）、欺瞞を嫌う彼だけに共感するものがあるのだろう。もっとも、たけしは以下のような独特の「護憲論」を披露するなど、欺瞞を欺瞞として許容するずるさも持ち合わせているのだが。

だから日本人特有の、あやふやではっきり定義しないっていうのがあるじゃない。そういう国でいいの。それとソープランドは同じ。「売春はしてません」、嘘つけって（笑）。自衛隊が軍隊だって誰でも知ってるけど、「いや自衛隊です」っていう。そういうやり方で金稼いできた国なんだから。急に真面目になってどうすんの、商人は商人じゃん。この国は材料買って卸してる単なる問屋なんだから。このまんま行かなきゃダメ。

（北野武『生きる』ロッキング・オン、二〇〇七年）

ちなみに、たけしは一九七〇年八月から翌年二月まで日本交通の早稲田営業所にタクシー運転手として勤めていた。三島自決の報に接したのもその勤務中と思われる。このあと、ガソリンスタンド勤務（兄の北野大によると通産省前のスタンドだったという）を経て、浅草フランス座でエレベーターボーイとなり、やがて座長の深見千三郎に弟子入りして芸人修業を始めたのは一九七二年の夏だった。

安定を装う社会を揺さぶる

本書の第一章で書いたように、たけしは高度成長期以後、日本社会に広がった総中流意識に対し、ことあるごとに苛立ちをむき出しにしてきた。

だが、総中流意識などそもそも幻想ではなかったか。たけしが頭角を現した一九八〇年代初めは、それが徐々にあらわになりつつあった時期だった。

新宿駅西口でホームレスの男がバスに放火した事件（一九八〇年）や、東京・深川での覚醒剤中毒の男による通り魔事件（一九八一年）は、中流から落ちこぼれた者が無差別に人々を襲ったという点で象徴的な事件であった。一九八三年には、横浜で中学生を含む少年グループがホームレスを襲撃し殺傷するという事件が起こり、社会に衝撃を与えた。たけし初の映画監督作品『その男、凶暴につき』（一九八九年）の冒頭には少年たちがホームレスを襲うシーンがあったが、おそらくこの事件に着想を得たものだろう。

ここであらためてたけしがドラマなどで演じてきた現実の事件の当事者たちを振り返ると、その大半が、困難な状況に追い詰められた人物であることに気づく。彼らはいずれも自己のなかに葛藤を抱え、場合によっては社会と激しく対決する。

第三章でとりあげたドラマ『イエスの方舟』の主人公京極武吉（千石剛賢がモデル）は、自分を頼ってくる女性を受け入れるうち、彼女たちの家族との軋轢を深め、社会からも強い批判を受けたあげく、ついには教団ぐるみで全国各地を放浪するまでに追い詰められてしまった。

第二章で見た『金（キム）の戦争』で演じた金嬉老にいたっては、借金のトラブルから暴力団員を殺害したのを機に、死を決意して静岡・寸又峡温泉の旅館に籠城する。そんなふうに追い詰められながら葛藤する人物の姿こそ、たけしの演技の見せどころであった。

これら作品のテーマは、宗教や民族差別の問題など、高度成長期以降の日本社会が直視することを避けてきたものばかりだ。

対立や格差をいわば「存在しないもの」とすることで安定を保ってきた社会を、たけしは芸人の立場から舌鋒鋭く揺さぶってきた。実録ドラマにたけしが起用されたのも、そうした役割を期待してのことであったろう。

もちろんタブーとされがちなテーマをそのままストレートに提示するのなら、わざわざドラマにする必要はない。テレビドラマとして成立させる以上、特異な事件のなかにも普遍性を見出し、視聴者にどこかで共感を抱かせねばならない。

たけしはバラエティ番組などで毒舌を吐いても、その実、どの線を越えたらアウトなのかという計算をしながら話しているという。ぎりぎりのところで見事にバランスをとったことこそ、お茶の間の人気者となった理由だろう。ドラマにおいてテーマと視聴者をつなぐ媒介者という意味でもたけしは打ってつけであった。

実現しなかったドラマ

ただ、こうした実録ドラマはたけしありきで企画されるものがほとんどだけに、スケジュールなど当人の都合から実現しなかったものもいくつかある。

たとえば、これは序章でもあげたが、一九九四年には、戦後もフィリピンで戦い続けた元陸軍少尉・小野田寛郎をドラマで演じる企画があり、小野田本人からも直接話を聞くなど準備を進めていたものの、直後にたけしがバイク事故を起こして中止になったという（『東京新聞』二〇一四年一月一八日付）。

　他方でまったく違う理由により企画が頓挫した例もある。同じく序章でとりあげた田中角栄のドラマ化は、フジテレビで『三億円事件──20世紀最後の謎』を手がけたプロデューサーのひとり栗原美和子が、津本陽の長編小説『異形の将軍 田中角栄の生涯』（幻冬舎、二〇〇二年）を原作に企画したものだった。二〇〇三年には翌春放送予定で制作が発表され、たけしは角栄がロッキード事件の被告だったことに掛けて「今度は総理大臣と思ったら、やっぱり捕まった人だった」とジョークを飛ばしている。しかし、その後、田中の遺族から承諾を得られなかったとの理由で制作は中止された。これについて公人をドラマにするのに承諾は必要なのか議論も呼んだ。

『三億円事件──20世紀最後の謎』の原作が文庫化されたとき（一橋文哉『三億円事件』新潮文庫、二〇〇二年）、たけしは巻末の解説を担当し、こんなことを書いていた。


　喜んでいいのか悪いのか分かんないけど、おいらは「三億円事件」の犯人もやって、これで昭和の大事件については、ほぼ犯人役制覇なんだよ。次おいらに役が回ってくるとしたら、埼玉保険金殺人のオヤジかね。

埼玉保険金殺人というのは、埼玉県本庄市の金融業社長Yが三人の女を偽装結婚させ、それぞれの夫を薬物で殺傷、多額の保険金をだまし取ったとされる事件だ。被害男性のうち二人は一九九五年と一九九九年に死亡、一人は入院したものの事なきを得た。疑惑は一九九九年に『産経新聞』でスクープされ、殺到する取材陣に対しYは自分の経営する飲食店で通算二〇三回も会見を行い、自らの潔白を主張した。会見は有料で行われ、Yは一〇〇〇万円を荒稼ぎしたという。翌二〇〇〇年にYは三人の女とともに、虚偽の婚姻届を提出した疑いから公正証書原本不実記載容疑で逮捕、のち未遂に終わった一件については殺人未遂（ただし女の一人は関与の度合いが薄いとされ処分保留）、被害者が死亡した二件については殺人罪で追起訴された。さいたま地裁の公判で死刑判決を下されたYは、東京高裁に控訴して棄却されたあと最高裁に上告したが、二〇〇八年に死刑が確定する。

じつはこの事件についても、実際にたけし主演、池端俊策脚本でドラマ化の話が進んでいたと、TBSのプロデューサーの八木康夫が著者の取材に対し明かしてくれた。このとき、池端は資料を集めながら「こいつは本当に悪いやつで、ドラマにしづらい」と八木に漏らす一方で、たけしはすごく乗り気だったらしい。しかし主犯のYが死刑確定後も再審を請求していたため、企画は実現しないまま終わったという。

コンプライアンスという壁

そもそも現実に起こった事件、とりわけ凶悪犯罪をドラマでとりあげることは、主にコンプライアンス（法令遵守）の問題から近年むずかしくなりつつあるようだ。八木康夫は、「悪い方向でコンプライアンスと必ず言うようになっているんですよ。いま、大久保清もイエスの方舟も絶対できないですよ。（企画段階で）やばそうだからやめとけってなるわけですね」と話す。埼玉保険金殺人事件も結審していたにもかかわらずドラマ化を断念せざるをえなかったのは、主犯が再審請求しているのを受けて局側がだめだと判断したからだった。かつてはつくり手に一切がまかされ、そのぶん責任を負うという形だったのが、現在では放送局側がリスクを避けるという風潮が強くなっているようだ。

契約が必要な衛星放送のBSやCSとは違い、不特定多数の視聴者を相手にせねばならない地上波テレビだからできないというのもあるらしい。これはたけしの出演作品ではないが、八木は門田隆将による山口県光市母子殺害事件（一九九九年）のルポ『なぜ君は絶望と闘えたのか』（新潮社、二〇〇八年）のドラマ化も企画し、原作使用権も得たものの、結局このときも局側がOKを出さず頓挫する。その後、同作はBSのWOWOWでドラマ化され（二〇一〇年）、八木は悔しい思いをしたという。

たしかに最近でも、同僚のホステスを殺害したのち一五年もの逃亡生活を送った福田和子の事件が大竹しのぶや寺島しのぶの主演でドラマ化されているし、NHKスペシャルでも二〇一一年より『未解決事件』と題する大型シリーズ企画で、オウム真理教事件や尼崎殺人死体遺棄事件などを克明に再現したドラマが放送されている。とはいえ、前者について二〇一六年に放送された寺島しのぶ版では、現代のパートが設けられ、雑誌記者が事件を再取材するという構成となっていたし、後者はドキュメンタリーとの複合企画だ。逆にいえば、犯人の物語だけではいまやこの手の企画は通りにくいということなのかもしれない。

コンプライアンスということでいえば、当然ながらドラマにおける暴力団の扱いもむずかしくなっている。

一九八九年にTBSで放送された『美空ひばり物語』では、たけしが暴力団・山口組の三代目組長・田岡一雄に扮した。主演の岸本加世子に頼まれての出演で、山口組といえば神戸を拠点とする日本最大の暴力団だけに、たけしは制作に際し、《下手に演じて関西方面に行けなくなっても困るって断ったんだけどね》と冗談めかしてコメントしていた（『中日新聞』一九八九年一二月八日付）。

のちに関係を絶ったとはいえ、かつて美空ひばりの関西での興行を田岡一雄が仕切り、「おじちゃん」とひばりから慕われていたことは事実である。もともと芸能界と裏社会の関係は深く、戦後にいたっても地方の興行師の大半は何らかの形で暴力団の息がかかっていたという（本田靖春『現代家系論』文春学藝ライブラリー、二〇一五年）。そのなかにあって田岡は、《きちんとギャラを前金で払い、劇場の運営にミスがないか自ら出かけても行き、客の入りがよければ十分に心づけをはず》むという心配りをみせ、多くの芸人から信頼された。これは、くだんのドラマの原作となった上前淳一郎『イカロスの翼　美空ひばりと日本人の40年』（文藝春秋、一九七八年／文春文庫、一九八五年）にも書かれていることだ。

ひるがえって近年の美空ひばりの伝記ドラマ（たとえば二〇〇五年にTBS放送の『美空ひばり誕生物語』など）で田岡が登場することはほぼない。ここには暴力団対策法（一九九二年施行）が改正のたびに規制が強化され、芸能界を含め社会と暴力団との関係が厳しく問われるようになった風潮が反映されているのだろう。しかしそうはいっても史実は史実である。それを隠すことにはやはり疑問を抱かざるをえない。

変わりつつある役柄

二〇一七年一月に満七〇歳となるのと前後して、ここ最近のたけしは犯人ではなく刑事役を演じるなど（たとえば二〇一四年にテレビ朝日で放送された、松本清張ドラマスペシャル『黒い福音』）、その役柄にも微妙な変化がうかがえる。二〇一五年に放送されたドラマ『赤めだか』での落語家・立川談志の役は、芸人から尊敬を集める彼にふさわしい起用であった。二〇一七年には、久々に脚本家の池端俊策と組んだドラマ『破獄』（原作は吉村昭の同名小説）がテレビ東京で放送予定だが、戦前から戦後にかけて四度もの脱獄を実行した無期刑囚を描くこの作品でも、たけしは犯人ではなく看守を演じるという。

今後、たけしがまた現実に起こった事件の当事者を演じることはあるのだろうか。昭和の大事件の犯人で、彼の年齢に見合った役どころはあらかた演じ尽くした感もある。今後、可能性があるとすれば、疑獄事件を起こした政財界の大物あたりかもしれない。

そこで思い出されるのは、やはり田中角栄のドラマ化である。

二〇一六年、生前の田中を自民党の国会議員として間近に見てきた石原慎太郎の手になる小説『天才』（幻冬舎）がベストセラーとなった。田中が一人称で自らの人生を語るという手法をとった同作を読んだとき、私は映像化するのに向いているのではないかと思い、主演にはやはりたけし以外にいないと考えたものだ。

二〇一六年一〇月には、たけしに対しフランス政府よりレジオン・ドヌール勲章の「オフィシエ」が授与された。これまであらゆるものに舌鋒鋭く毒づき、世間の価値観を揺さぶってきたたけしが受勲することについては批判もあろう。だが、たけしが持論とする「振り子の理論」を当てはめるなら、受ける栄誉が大きければ大きいほど、テレビで演じるコントのバカバカしさが増すともいえる。彼もきっと心中ではそれを狙っているはずだ。

思えば、田中角栄もまた「振り子の理論」そのままに生きた人物であった。高等教育を受けずに裸一貫で世に出て、ついには権力の頂点をきわめる。だがブームもつかのま、金脈問題、さらにはロッキード事件の際には一転して激しい非難にさらされた。それでいて、表舞台から退いたあともキングメーカーとして政界に強い影響力を保つことになる。

あらゆる矛盾が田中のなかでは共存し、ときにはぶつかり合うことで大きなエネルギーを生み出し、世の中を動かしていった。そう解釈するならなおさら、たけしほどこの役にふさわしい俳優はいないと思うのだが。

西田敏行とビートたけし

そこへ来て、最近刊行された俳優の西田敏行の自伝『役者人生、泣き笑い』（河出書房新社、二〇一六年）を読んでいたところ、西田が田中角栄を演じたいと切望していることを知った。西田がその思いを強くしたのは、二〇一六年二月から六月にかけて頸椎の亜脱臼と胆嚢炎で療養していたころだという。

病床にあって西田は、自身と角栄のお互いの郷里である福島と新潟には、雪国で、明治維新で官軍に敗れた側であることなど共通点があること、また日本人の平均的なメンタリティのなかには、角栄みたいな人間をヒーローにしたいという「角栄依存度」がけっこう強いと考え、その後もどんどん構想をふくらませていった。

角栄さんが残してくれた功も罪も含めて、両方をなんかうまい具合に描いて、われわれ日本人が精査し、見つめる。それによって「内なる日本人」をお互いに確かめるというような壮大な作品。ドキュメンタリー風でも、出世物語みたいに持ち上げる作品でもなく、大人の作品としてきっちりと角栄さんの存在感を描いたものに出られたらって、病室で何度も思いました。（中略）

日中国交回復をなしとげたあと、アメリカから睨まれ、ロッキード事件でやられてしまったんですけど。あの事件の前後の角栄さんの内面はどんなであったか。「今太閤」といわれたのに、面倒をみて育てた身内の議員からも次々裏切られていくわけですよね。あのころの精神的葛藤、焦燥感ってものすごいものだったろうし、まさに人間ドラマですよね。きちんと描けばすごいドラマになります。（前掲書）

西田が角栄に扮したのなら、人情味や滑稽味をもはらんだパーソナリティに加え、北野武監督の映画『アウトレイジ ビヨンド』（二〇一二年）でやくざの若頭に扮したときに見せた凄味のある悪人ぶりを併せ持った、俳優の集大成的な演技が見られるのではないだろうか。となれば、たけしとくらべても甲乙つけがたいものになりそうだ。

ちなみに西田は一九四七年一一月生まれで、たけしより学年では一つ下ということになる。福島から上京して明治大学付属中野高校に通った西田は、卒業後、明治大学農学部に進学している。明大農学部はたけしの進んだ工学部と同じ生田キャンパスにある。ただ、西田は大学には入ったものの、授業には一日しか出ていないというので、たけしと学内ですれ違った可能性は低い。

注目したいのは、西田とたけしがともに戦後の第一次ベビーブームに生まれた、いわゆる団塊の世代ということだ。

団塊の世代ゆえの二面性

たけしは団塊の世代の最大の特徴として、日本が大きく変化するなかで育ったことをあげる。飲み物ひとつとっても、最初は井戸水しか飲めなかったのが、成長する間にコカ・コーラからジュースから何からあらゆるものが飲めるようになり、大人になったらビール、ワイン、しまいには高級シャンパンまで飲んでいる。たけしに言わせると《一人の人生で、これだけいろんなものを経験できることはないんじゃないかって》(ビートたけし『野球小僧の戦後史　国民のスポーツからニッポンが見える』祥伝社、二〇一五年)。

今の子どもたちは、生まれたときからコーラはあるし、ジュースもあるでしょ。だけど、生まれたときに井戸水しかなかったやつが、時代の変化に漂いながらコーラとかジュースを飲みだすことのほうが、幅から言えば圧倒的に広い。

五から一〇へ行くのではなくて、マイナス二〇からプラス二〇へ行った。今の子どもが五から一〇の「変化幅五」だとしたら、われわれ団塊の世代は「変化幅四〇」もある。

（中略）本当にダメな時代から、素晴らしい時代までを経験しちゃったっていうのは、団塊の世代だけじゃないかね。

（前掲書）

たけしが持論とする「振り子の理論」は、もとはといえば、そうした世代的な特性に由来すると言っているようでもある。変化の振り幅を五しか経験していない世代と、マイナスからプラスまで四〇も経験している団塊の世代とをくらべれば、たしかに後者のほうがバイタリティから何から圧倒的なのは当然かもしれない。

厳密にいえば、そうした振り幅は、団塊の世代にかぎらず、敗戦後の食糧不足の時代から高度成長期を経て飽食の時代までを生きたすべての世代に当てはまるものではないか。言い方を変えれば、団塊の世代がそれを経験した最後の世代ともいえる。

「堤清二」と「辻井喬」

「振り子の理論」で説明されるたけしの二面性は、世代に由来する部分もあるとして、しかし彼ならではというべきところも多々ある。その特異性とは何なのか、最後にそれを考えてみたい。

序章では、複数の名前を使い分けて活動を続けてきた人物をいくつかあげてみた。林不忘のように創作において三つの筆名を器用に使い分けた例というのは、どちらかといえば稀有なケースだろう。むしろ文芸評論家の中島梓が、小説家としては栗本薫の名前を用いたように、評論する自分と創作する自分とを明確に分けるというのがこのばあい比較的多いのではないか。他方で、美術家の赤瀬川原平のように、作家として尾辻克彦というペンネームを用いながら、やがて『老人力』など赤瀬川名義の著書がベストセラーとなったこともあり、それまで尾辻が担ってきた部分がしだいに赤瀬川のほうへと収斂していったケースもある。

そのなかでビートたけしと北野武の関係とあえて似ているケースを探すなら、堤清二と辻井喬の関係は比較的近いかもしれない。

堤清二は西武百貨店を中核としたいまはなきセゾングループの総帥を務める一方で、辻井喬のペンネームを持つ詩人・小説家でもあった。彼は経営者と文学者と二つの人格をいかに使い分けていたのか。

タレントの楠田枝里子は対談の席上、堤清二と辻井喬とのあいだで時間感覚の違いはあるのかと訊ねている。これに対し堤は《違いますすね。違うから、同じ時間帯で共存できるんです》と答えている。

本当の意味でのタイムシェアリングというのは、何時までが堤の時間で、何時からは辻井の時間というのじゃない。同じ時間の中で、こっちから取り出せば辻井になって、こっちから取り出せば堤になるというのが、本来のタイムシェアリングだと思いますね。

（堤清二ほか『堤清二＝辻井喬対談集』トレヴィル、一九八八年）

たとえば、対談で堤清二として話に集中していても、辻井喬という人格は相手の表情やその変化を頭のなかに入れていて、あとから文章で描写することができるというのだ。これなど、常に自分を観察している自分がいるというたけしとも通じるものがある。

二つの人格を自分のなかに常に共存させていたのは、堤清二という経営者の特異さでもあるのだろう。たとえば堤は、新たな企業イメージを創出し伝えるため広告を存分に活用している。八〇年代に西武百貨店の企業広告にコピーライターの糸井重里を起用し、「不思議、大好き。」（一九八一年）、「おいしい生活。」（一九八二年）など年ごとにキャッチフレーズを掲げたのはその代表例だ。

また、西武百貨店池袋店に西武美術館（のちセゾン美術館）を設け、二〇世紀美術を中心とした展覧会を開催したり、あるいは銀座セゾン劇場（のち「ル テアトル銀座」）では実験的なものも含めた演劇を上演することを目指した。一九八七年にはセゾン文化財団を発足させ、日本の舞台芸術の支援にも熱心であった。

これら事業は企業の文化戦略ともとらえられたが、堤自身はそう言われるたびにきっぱりと否定してきた。

企業に戦略なんかを立てられちゃうような文化なんて、僕は文化だと思わない。うっかり企業なんかがハンドリングしようとしたら、いいとこ火傷するのがおちだ。火傷だけですめば運がいいほうで、企業が滅びますよ。

（筑紫哲也『若者たちの大神　筑紫哲也対論集』朝日新聞社、一九八七年）

べつのところでは、企業が文化戦略を立てることは、文化への冒瀆だとまで言っている。堤は、企業にできることは、せいぜい劇場や美術館など文化施設を提供すること、そういった環境を設定することだけだと考えていたのだ。

彼はさらに、二足のわらじを履いてきた自身の人生を回顧して次のようにも書いていた。

芸術家と経営者、わけても財界人とは両立しないのである。もっと言えば両立してはいけないのである。それをあたかも両立するように僕は主張したことがある。それは意図的でなかったとしても誤りであった。

（辻井喬『叙情と闘争　辻井喬＋堤清二回顧録』中央公論新社、二〇〇九年）

まるでこれまでの自分を全否定するような言葉にもとれる。が、そのあとの《財界人や政治家に望むのは、芸術や文化に理解を持っていてほしいということだけで、それ以上ではない》との一文からは、経営者時代から貫かれてきた堤の矜持がうかがえる。おそらくこの結論にいたるまでには「堤清二」と「辻井喬」とのあいだで衝突や葛藤を経験してきたことだろう。

辻井喬は堤清二の活動を冷静に観察し、ときにはちょっとした助言を与えることはあっても、堤の仕事に必要以上の介入は避けてきたのではないか。それは堤清二の文化に対する姿勢と重なり合う。ちなみに堤が支援した文化活動からは、辻井喬のフィールドである小説や詩は周到に排されていた。

辻井喬と堤清二はそれぞれに独立した人格であり、共存しながらも、互いに介入を避ける——。それが「両者」の関係であったように思われる。

九〇年代のバブル崩壊後、セゾングループの企業には業績悪化に苦しむところが増え、しだいにグループ全体が苦境に陥っていく。二〇〇〇年には関連企業の西洋環境開発が破綻、その責任をとる形で堤は経営から退く。求心力を失ったグループはその後、解体の道を歩んだ。

評論家の上野千鶴子は、引退後の堤清二との対談のなかで「堤清二という人格と、堤に対し文明批評的な目を向ける辻井喬と二つの人格を使い分けてきたからこそ、経営で失敗しても生きていくことができた」という趣旨の発言をし、堤自身もそれにほぼ同意している（辻井喬・上野千鶴子『ポスト消費社会のゆくえ』文春新書、二〇〇八年）。たしかに、セゾングループを離れたのちの堤は、経営者としての自分を振り返る著作でも本名ではなく辻井喬を名乗ることが増えた。堤清二は晩年にいたって辻井喬に収斂されていったともいえるかもしれない。

「ビートたけし」「北野武」以外の「三番目の人格」

いずれも独立した人格であり、ときには葛藤しながらも共存してきたという点では、「堤清二＝辻井喬」と「ビートたけし＝北野武」の関係はよく似ている。

たけしがことあるごとに、《お笑いってのはギャップだから。だから、とにかく偉くなりたいわけ、ただ笑いのためだけに》《一番の夢は、文化勲章とか国民栄誉賞もらって、剝奪されるってのだね。立ち小便で剝奪とか、チカンで剝奪とか》（北野武『やり残したこと』ロッキング・オン、二〇一五年）などと言っているのは、文化人・北野武に対するビートたけし一流の批評だろう。

一方で、芸人として暴走するビートたけしを食い止める役のもうひとりの人格もいるはずだ。しかしそれは北野武ではなく、あくまで第三者的な別人格のようだ。たとえば、フライデー事件で「もう終わった」と思い知ったあと、たけしは二度とそういうことはしなくなった。これというのも《三番目の人格みたいのも「止めな、そういうこと。一回やったじゃねえか」って言うようになっちゃっ》たからだという（北野武『余生』SB文庫、二〇〇八年）。

そう考えると、たけしは二面性にとどまらない多面性を自分のなかに持ち合わせているともいえる。となると、堤清二が辻井喬に収斂していったようなことは、北野武からビートたけし（あるいはビートたけしから北野武）のあいだでは将来的にも起こり得ないのではないだろうか。

お笑いＢＩＧ３は幸せか

ここまで本書で見てきたように、ビートたけしがドラマなどで演じてきた実在人物には彼自身と重なるところが少なくなかった。また、『コミック雑誌なんかいらない！』とフライデー事件、『説得　エホバの証人と輸血拒否事件』とバイク事故のように、劇中で演じたことと似通ったできごとに見舞われるということもたびたび起こった。これほどまでに演じた役や物語と現実の本人が結びついてしまう俳優というのは、あまりいないだろう。

そもそもたけしの半生そのものがかなり劇的だ。これまで、少年時代を描いた『たけしくん、ハイ！』や『菊次郎とさき』、あるいは浅草での修業時代を描いた『浅草キッド』など自伝的著作がたびたびドラマ化されてきたのも当然といえる。さらにいえば、自ら監督した映画『アキレスと亀』『TAKESHIS'』『監督・ばんざい！』など、自己言及的ともいえる作品も目立つ。いつか、フライデー事件やバイク事故も含めて自伝的な映像作品が撮られる日も来るのだろうか。

もちろん劇的な芸人というのはこれまでにもたびたび登場してきた。ある時期までの芸人、喜劇役者の多くは、栄光を手にしながらも晩年は恵まれなかった人のほうが多いかもしれない。榎本健一は脱疽のため右足を切断しているし、古川ロッパは没落後、借金と病気に苦しみながら亡くなった。あるいは、トニー谷は息子を誘拐されるという事件に遭い、それからというものマスコミ不信となり、人気にも陰りがみえる。その後『アベック歌合戦』の司会でカムバックしたとはいえ、以前の毒舌芸は封印せざるをえなかった。

ひょっとすると、世が世なら、たけしもフライデー事件、あるいはバイク事故をきっかけにこうした芸人たちの系譜に連なっていたかもしれない。しかし彼は危機に直面しながらも、そのたびに乗り越えてきた。それによってイメージダウンするということもほとんどなかった。

フライデー事件のとき、たけしのなかにはもう芸能界には戻れないだろうとの思いがあったという。しかし、テレビ局はたけしの復帰を強く望んだ。それはいうまでもなく、事件後もなお彼を観たいという人が大勢を占めたからだ。彼が引退についてかねがね「やめるかやめないかは客が決めること」と公言しているのも、そんな体験を踏まえてのことだろう。

二〇一六年に私が放送作家の高田文夫、フジテレビのエグゼクティブディレクターの三宅恵介の両氏と、たけしとタモリ、明石家さんまの「お笑いＢＩＧ３」について鼎談した際、高田が最後にこうまとめていたのが印象深い。

もともとコメディアンだった渥美清も凄い人だと思っていたけれど、晩年は寅さんしかできなくてかわいそうだった。あの生き方に比べると、3人は幸せだよね。いろんな表現ができる。これからもずっと見ていたいから長生きして欲しいね。

（『週刊現代』二〇一六年一〇月一五・二二日号）

渥美清は、たけしの浅草フランス座の大先輩にあたる。そういえば、第一章で少しふれた『復讐するは我にあり』の主人公の犯人役には当初、渥美がオファーされていたという噂を聞いたことがある。真偽はともかく、本当に渥美が引き受けていたのなら、殺人のうえ詐欺を重ねた特異な犯人を、緒形とはまた違った形で好演したに違いない。しかし、この話はやはり『男はつらいよ』の寅さん役のイメージを壊すわけにはいかないという理由で実現しなかったらしい。そう考えると、あるイメージに固定されることなく、コメディアンもやればドラマや映画で悪人も演じるたけしは、はるかに恵まれているといえる。

ただ、ある時期からたけしは、文化人、また芸能界の大御所としてその言葉をありがたがられるような存在になっていることも否めまい。それは本人にとってよい状況なのかどうか。裸の王様を批判する子供のような立場で現れた彼が、自ら裸の王様になってしまうことはけっして望むところではないはずだ。

正直にいえば、最近のテレビでの彼を見ると、どうも窮屈そうな印象を抱いてしまう（それだけに、たまに火薬田ドンなどのキャラに扮してのコントを活き活きと演じているのを見ると、うれしくなるのだが）。この点、かつては同世代のライバルと目されたタモリが、二〇一四年に『笑っていいとも！』が終わってからというものテレビではほとんど自分の好きなこと、関心のあることしかしていないように見えるのとは対照的だ。

もっとも、たけしとしては映画やアートなどテレビ以外の分野でバランスをとっているのだろう。二〇一七年には先にも触れた池端俊策脚本のドラマ『破獄』の放送のほか、久々のハリウッド映画への出演となる『ゴースト・イン・ザ・シェル』（『攻殻機動隊』実写化）、また監督作品としては『アウトレイジ』シリーズの最終章の公開もひかえている。

七〇歳をすぎてますます盛んという感じだが、今後も彼は鋭い切れ味を見せるのか、それとも円熟味を増していくのか。あるいはピカソなど多くの大芸術家がそうであったように、幼児回帰ともいうべき方向に向かっていくのか。いや、「振り子の理論」を信条とする彼のこと、老成と幼稚が同居し、ときには衝突したり両極へ引っ張り合ったりしながら新たなものをつくり出していくというのが理想だろうか。

あとがき

本書は講談社のウェブサイト「現代ビジネス」で二〇一六年七月二一日から一一月二六日まで連載した「ビートたけしが演じた戦後ニッポン」（全五回）を大幅に加筆修正したものである。

そもそもの発端は二〇一五年末、ドラマ『赤めだか』の放送にあわせて、ビートたけしがこれまでドラマや映画で演じた実在の人物を振りかえった記事をウェブサイト「エキレビ！」へ二回にわたり掲載したことにある。この切り口ならたけしを通じて日本の戦後史が書けるのではないかと思い、しばらくして書籍化を前提に連載を企画したのだった。

序章で書いたとおり、「これまでにない〝たけし論〟を！」と意気込んでみたものの、ドラマと事実、たけしと彼が演じた実在の人物を往復し、そこへさらにたけし本人のバイオグラフィや時代背景を重ね合わせるのはかなり体力のいる作業であった。

これに関連して、この数年、私のなかでは、「事実はいかにして物語となるのか？」というのがひとつのテーマとしてあった。

たとえば、元禄年間の赤穂事件は、後世の人形浄瑠璃や歌舞伎を通じて「忠臣蔵」という物語となった。それと同じことが、昭和の事件にもすでに起こっているのではないか。たけしも演じた三億円事件などその典型だろう。もはや真犯人が現われる可能性がない以上、あざやかな強奪劇は、これまで多くの作家たちが想像をふくらませて描いた物語と同化しようとしている感も抱く。

そしてたけしが演じてきた数々の事件もまた、大久保清にせよイエスの方舟にせよ金嬉老にせよ、彼の身体を通して今後は物語として記憶され続けるのではないか。本書を書き進めるうち、そんなことを考えたりした。本書がその手引きになればいいなという淡い期待もある。

とはいえ、力量不足も痛感した。たけしについてはとにかく厖大な作品や発言が公になっており、それらをもとに論考らしいものを組み立ててみたはいいが、いかんせん相手が大物すぎた。言い訳になってしまうが、見事に撥ね返されたという思いでいっぱいである。またタイトルに掲げた『ビートたけしと北野武』というテーマも、編集部の提案もあって取り組んでみたものの、未消化の憾《うら》みが残る。不遜ながら、たけしの自著のタイトルから拝借すれば「結局わかりませんでした」というのが正直なところだ。

それでも調べていて実感したのは、たけしが黒澤明や長嶋茂雄に対してそう言っているように、たけし自身もまた「時代の産物」であったということである。

ドラマで実在の犯罪者を演じるということも、時代の流れでそうなったというしかない。終章でとりあげたとおり、現在のテレビ、とりわけ地上波では現実に起こった事件をドラマ化することはよっぽどのことがないかぎり難しくなっている。

そう考えるにつけ、大久保清役で俳優として注目され、その後も自ら望んだ金嬉老をはじめ実在の事件当事者をあいついで演じることのできたたけしは、俳優として時代に恵まれたといえる。いや、幸せだったのは視聴者である私たちというべきであろう。

もちろん、本文でも折に触れて示唆したとおり当時としても現実の事件をドラマ化することには、スポンサーとの関係などある種の困難がともなったこともまた事実である。それを乗り越え、難しいテーマに果敢に挑戦し、テレビドラマの枠に見合った普遍的な物語として提示したつくり手の方々に、あらためて敬意を表したい。本書の執筆にあたっては、TBSにあって『昭和四十六年、大久保清の犯罪』でプロデューサーとしてデビューし、その後もたけし主演のドラマを数多く手がけてきた八木康夫氏にお時間を割いていただき、貴重なお話をうかがうことができた。この場を通じて厚く御礼申し上げる次第である。

惜しむらくは、たけし出演の過去の作品が必ずしもいま容易に観られるわけではないということである。放送後、大半がソフト化されているとはいえ、ＶＨＳでリリースされたあとＤＶＤ化などで再発されたものは、私の確認するかぎりほとんどない。なかにはウェブ上のオンデマンドサービスや横浜の放送ライブラリーなどで視聴できる作品もあるが、本数はかぎられた。

ことはたけしのドラマにかぎらず、日本では過去のテレビ番組のほとんどは個人的に録画していないかぎり簡単に観返すことができない。これは、フランスやアメリカなど諸外国とくらべると、放送に関してアーカイブ化の動きで著しく遅れをとってきたためでもある。ＮＨＫアーカイブスや前出の放送ライブラリーはそのなかで健闘してはいるが、前者は権利問題から公開番組がかぎられ、後者も収集対象となる番組は「賞を受けた番組」や「記録として価値のある番組」などに限定される。あらゆる番組が保存され、自由に視聴できるという状況にはまだまだほど遠い。目下、国立国会図書館に放送アーカイブシステムを設ける議論も進められているようだが、いつ実現するのか。

一方で、テレビ番組やテレビ放送開始以後の芸能について研究はますます盛んだ。もしアーカイブが充実するのであれば、さらに実のある研究や評論も生まれるはずである。だからこそ、これについては今後も折に触れて訴えていきたい。

最後にせっかくなので、ビートたけしについていささか個人的な話をしておこう。

一九七六年生まれの私は、ツービート時代のたけしの記憶がない。物心ついたときにはすでに彼はコンビではなく単独で活動していた。八〇年代、新旧のバラエティ番組がぶつかった土曜夜八時台のテレビも、たけしの出演する『オレたちひょうきん族』よりも、ザ・ドリフターズの『8時だョ!全員集合』派だった私だが、それでも『ビートたけしのスポーツ大将』や『風雲!たけし城』といった番組はよく観ていた。ほぼ同時期に観ていたたけしの番組で何より印象深いのは、彼がマザコンの中学教師を演じたTBSの連続ドラマ『ビートたけしの学問ノススメ』である。久世光彦演出によるコメディ色の濃いこのドラマは、私のその後のドラマに対する趣味嗜好（パロディ好き、小ネタ好き）を決定づけたような気もする。

中学時代には、ベストセラーとなった著書『だから私は嫌われる』（新潮社、一九九一年）に結構ハマった。ツービートにも『オールナイトニッポン』にもまにあわなかった私にとって、これが毒舌家としてのたけしとの本格的な出会いだったかもしれない。高校に入り、古本屋に通うようになると、たけしのインタビューが出ている過去の雑誌などを漁ったりもした。そのなかでカルチャースターとしての彼の位置づけを認識していく。

じつはその後の人生においても、たけしとはちょっとした縁がある。私は高校を卒業後、太田出版という会社に契約社員として入り、二年間勤めた。入社の経緯について詳細は省くが、まだ一〇代でもちろん経験などまるでなかった私が出版業界に潜りこめたのは、このときその会社の代表（のちに社長）だったT氏の度量によるところも大きい。太田出版はそもそも、たけしがかつて所属した太田プロダクションの出版部門だった。じつはこのT氏も、もともとはべつの出版社にいたのが、たけしの本を担当してその手腕を買われ、太田プロから出版部門が独立するにあたりヘッドハンティングされたと聞く。たけしがきっかけで移籍したT氏、そのT氏に拾われた私……ということで、自分の人生を振り返ると、たけしにはささやかではあるが縁を感じてしまう。そういえば、たけしがフライデー事件後に逗留したという伊豆の旅館にも、社員旅行で泊まったことがあった。

今回、あらためてたけしの著書、発言にまとめて目を通す機会を得て、そこに一貫したものがあることをつくづく感じた。ちょうど私のいまの年齢が、フライデー事件で謹慎していたころのたけしと同じということもあり、考える持続力をつけなければと思った話など、その前後の言動には考えさせられることも多々あった。そう考えれば、四〇代を迎えるタイミングでビートたけしという大きなテーマに取り組めたことには相応の意義があったと思う。

本書執筆にあたっては、『タモリと戦後ニッポン』に続き、現代新書編集部の丸山勝也さんに取材への同行、データ収集など大変お世話になった。昨年末から今年初めにかけて「文春オンライン」での連載準備、ケイクスでの連載『一故人』の書籍化（スモール出版より刊行予定）などが重なり、私としては非常にタイトなスケジュールであったが、そこを丸山さんの叱咤激励のおかげでどうにかこうして本をまとめることができた。冒頭に書いたとおり本企画のそもそもの原型となる記事を書く機会を与えてくれた「エキレビ！」編集長・アライユキコさんともども、重ねて御礼申し上げて擱筆したい。

二〇一七年二月一五日

近藤正高

参考文献（順不同。本文にあげたものはのぞく）

ビートたけし『菊次郎とさき』（新潮文庫、二〇〇一年／電子書籍版、二〇〇五年）
ビートたけし『60年代「燃える東京」を歩く』（ＪＴＢパブリッシング、二〇〇五年）
北野武『武がたけしを殺す理由――全映画インタヴュー集』（ロッキング・オン、二〇〇三年）
北野武『女たち』（ロッキング・オン、二〇〇八年）
北野武『北野武 今、63歳』（ロッキング・オン、二〇一〇年）
北野武『全思考』（幻冬舎、二〇〇七年／電子書籍版、二〇一三年）
阿部嘉昭『北野武vsビートたけし』（筑摩書房、一九九四年）
大下英治「人間ドキュメント スーパーたけし」全三三回（『アサヒ芸能』一九九三年五月一三日号～一二月三〇日号）
吉田司「ビートたけし ザ・トリックスター」（『宝島30』一九九四年二月号）
『ビートたけしのダカーポ』（マガジンハウス、一九八五年）
「総特集 北野武そして／あるいはビートたけし」（『ユリイカ』一九九八年二月臨時増刊）
『歴史群像シリーズ81 戦後事件史〝あの時〟何が起きたのか』（学習研究社、二〇〇六年）
小沢信男『定本 犯罪紳士録』（ちくま文庫、一九九〇年）
「ＴＶ界勝利のカギを知る男シリーズ ヒットの職人《プロ》シリーズ3 八木康夫」vol.1～4（『ザテレビジョン』一九九六年九月一三日号～一〇月四日号）
池端俊策『池端俊策ドラマ集』（日本テレビ放送網、一九九〇年）
香取俊介『今村昌平伝説』（河出書房新社、二〇〇四年）
吉見俊哉『都市のドラマトゥルギー 東京・盛り場の社会史』（河出文庫、二〇〇八年）
『シリーズ20世紀の記憶 かい人21面相の時代』（毎日新聞社、二〇〇〇年）
サンデー毎日編集部編『イエスの方舟 同乗漂流』（毎日新聞社、一九八〇年）
井上順孝「千石剛賢――「方舟」が漂流し錨をおろすまで」（朝日新聞社編『二十世紀の千人 第八巻 教祖・意識変革者の群れ』朝日新聞社、一九九五年）
佐野眞一『完本 カリスマ 中内㓛とダイエーの「戦後」下』（ちくま文庫、二〇〇九年）
関川夏央『人間晩年図巻 １９９０―94年』（岩波書店、二〇一六年）
笹山敬輔『昭和芸人 七人の最期』（文春文庫、二〇一六年）
『昭和 二万日の全記録』全一九巻（講談社、一九八九～九一年）
「ジャパンナレッジ」（http://japanknowledge.com/）

N.D.C. 779.9　225p　18cm
ISBN978-4-06-288417-4

講談社現代新書　2417

ビートたけしと北《きた》野《の》武《たけし》

二〇一七年三月二〇日第一刷発行

著　者　近《こん》藤《どう》正《まさ》高《たか》　

発行者　鈴木　哲
発行所　株式会社講談社
東京都文京区音羽二丁目一二―二一　郵便番号一一二―八〇〇一
電　話　〇三―五三九五―三五二一　編集（現代新書）
〇三―五三九五―四四一五　販売
〇三―五三九五―三六一五　業務
装幀者　中島英樹
印刷所　凸版印刷株式会社
製本所　株式会社大進堂
定価はカバーに表示してあります　Printed in Japan

「講談社現代新書」の刊行にあたって

教養は万人が身をもって養い創造すべきものであって、一部の専門家の占有物として、ただ一方的に人々の手もとに配布され伝達されうるものではありません。

しかし、不幸にしてわが国の現状では、教養の重要な養いとなるべき書物は、ほとんど講壇からの天下りや単なる解説に終始し、知識技術を真剣に希求する青少年・学生・一般民衆の根本的な疑問や興味は、けっして十分に答えられ、解きほぐされ、手引きされることがありません。万人の内奥から発した真正の教養への芽ばえが、こうして放置され、むなしく滅びさる運命にゆだねられているのです。

このことは、中・高校だけで教育をおわる人々の成長をはばんでいるだけでなく、大学に進んだり、インテリと目されたりする人々の精神力の健康さえもむしばみ、わが国の文化の実質をまことに脆弱なものにしています。単なる博識以上の根強い思索力・判断力、および確かな技術にささえられた教養を必要とする日本の将来にとって、これは真剣に憂慮されなければならない事態であるといわなければなりません。

わたしたちの「講談社現代新書」は、この事態の克服を意図して計画されたものです。これによってわたしたちは、講壇からの天下りでもなく、単なる解説書でもない、もっぱら万人の魂に生ずる初発的かつ根本的な問題をとらえ、掘り起こし、手引きし、しかも最新の知識への展望を万人に確立させる書物を、新しく世の中に送り出したいと念願しています。

わたしたちは、創業以来民衆を対象とする啓蒙の仕事に専心してきた講談社にとって、これこそもっともふさわしい課題であり、伝統ある出版社としての義務でもあると考えているのです。

一九六四年四月　野間省一